# ASTROLOGIE

# et rituels magiques

Andréa Louis

APPRENTIES SORCIÈRES

# ASTROLOGIE

# et rituels magiques

NOUVELLES ÉNERGIES

# Sommaire

# Les bases de l'astrologie

**Étymologiquement, l'astrologie est « ce que disent les astres ». On la définit comme l'étude de l'action et de l'influence des astres (planètes et étoiles) sur la vie « extérieure » et la vie « intérieure » des êtres vivant sur la Terre, en fonction de leurs positions dans le ciel.**

## L'IMPACT DE L'ASTROLOGIE DANS NOS VIES SUR TERRE

Dès l'Antiquité, l'Homme, en quête de réponses à ses questions métaphysiques, a donné une signification aux mouvements et aux positions des astres à un temps T et vus d'un endroit bien précis sur Terre. Le lieu de naissance est donc tout aussi important que la date et l'heure pour déterminer un signe astrologique ou un thème astral (voir p. 104 à 111).

La plupart des personnes connaissent bien leur signe astrologique, qui est en réalité leur signe solaire, c'est-à-dire la position du Soleil au moment précis de leur naissance, vue depuis leur lieu de naissance. En étudiant la position des autres astres au moment de notre naissance, on peut récolter plus d'informations encore sur soi. Chaque astre est positionné dans la zone d'une constellation précise (par exemple : Mars en Balance) et dans la zone d'une maison astrologique précise (par exemple : Vénus en maison 3). L'ensemble de ces informations – comme une photographie instantanée du ciel de notre naissance – constitue notre **thème astral.**

L'astrologie peut nous aider simplement et concrètement dans notre vie, au-delà de la simple voyance et de l'horoscope hebdomadaire. Il est tout à fait possible et pertinent d'utiliser l'astrologie comme outil de développement personnel et de mieux-être. Mais pour comprendre comment procéder, et en quoi cela va nous servir au quotidien, il faut aborder quelques notions de base.

## LES PLANÈTES DU SYSTÈME SOLAIRE SONT EN RELATION LES UNES AVEC LES AUTRES

Notre système solaire comprend un certain nombre de planètes, de satellites naturels (au moins 620 !) et d'astéroïdes qui interagissent ensemble depuis des milliards d'années en une grande danse cosmique finement coordonnée.

On sait grâce aux lois de la physique que ces corps célestes agissent entre eux et que leurs mouvements de gravitation résultent d'un équilibre entre les forces d'attraction et de répulsion : ces planètes ne s'éloignent pas, mais ne s'effondrent pas non plus les unes sur les autres. On peut donc dire que tous ces astres ont une action réciproque pour maintenir cet équilibre.

En conséquence, tous les corps célestes du système solaire qui nous entourent ont une action sur notre Terre et tout ce qui est présent à sa surface (comme la Terre les influence aussi).

Quant au Soleil, il est évident pour chacun qu'il influence la Terre par deux rythmes différents : le rythme jour/nuit et le rythme des saisons. Mais qu'en est-il des autres planètes?

### *Le Soleil : étoile ou planète ?*

Si le Soleil est une étoile en astrophysique, il est considéré comme une planète en astrologie.

## LA LUNE, NOTRE SATELLITE QUI INFLUENCE VÉGÉTAUX ET ANIMAUX

L'action planétaire la plus connue est celle du corps céleste le plus proche de nous, notre satellite : la Lune. D'une part, la Lune modifie le champ magnétique terrestre (géomagnétisme) en fonction de ses phases et de sa latitude céleste; d'autre part, sa force gravitationnelle, variable elle aussi en fonction du cycle lunaire, influence les marées par modification de la gravité des flux.

Ce qui est vrai pour l'eau visible des mers et des océans l'est aussi pour l'eau à l'intérieur des êtres vivants. Le chercheur forestier Ernst Zürcher l'a prouvé pour les arbres : les cycles lunaires influencent le diamètre des troncs (de façon étroitement corrélée aux marées), les propriétés du bois, la morphologie, le mouvement des feuilles et des bourgeons et la germination de graines d'arbres. D'autres chercheurs avant lui avaient déjà remarqué l'influence de la Lune sur la germination et la croissance de diverses plantes. Mais pourquoi s'attarder sur ces résultats d'études?

Cet effet lunaire, mesurable chez les végétaux, se fait vraisemblablement aussi ressentir sur les animaux, dont nous faisons partie. Pour rappel, notre organisme est composé de 60 à 70 % d'eau. Combien d'entre nous se sentent soudainement énervés ou agités sans savoir pourquoi, puis se rendent compte que l'on est en période de pleine lune? Il est d'ailleurs intéressant de remarquer que l'élément symboliquement rattaché à la Lune par les civilisations antiques est... l'eau!

## LE RÔLE DES PLANÈTES DU SYSTÈME SOLAIRE

Au-delà de l'effet lunaire, les planètes du système solaire ont, elles aussi, une réelle incidence sur les êtres vivants de la planète Terre. Le chercheur Lawrence Edwards a par exemple montré dans les années 1980 que la morphologie de certains

bourgeons varie de façon synchrone avec les mouvements et la trajectoire de certains astres : avec Saturne pour les bourgeons de hêtre, ou avec Mars pour les bourgeons de chêne. Même si ces planètes sont à des milliers, voire des milliards de kilomètres de la nôtre, ces énormes masses cosmiques ont tout de même un effet bien concret et mesurable sur nous, et parfois pas des moindres. Nos Anciens l'avaient déjà compris, eux qui se fiaient au ciel pour percer les secrets de l'Univers... mais aussi de leur être intérieur.
L'Homme a donc essayé de cataloguer et de rationaliser les effets de ces planètes – parfois visibles à l'œil nu à certaines périodes de l'année – en travaillant avec leur symbolique et en établissant des correspondances diverses – dont nous allons nous servir pour concrètement utiliser l'astrologie dans nos vies sur Terre.

## Ne faisons pas abstraction des planètes et du cosmos

Le temps où les scientifiques faisaient de la Terre le centre de l'Univers est depuis longtemps révolu. Aujourd'hui, on sait qu'elle n'est qu'un grain de poussière dans l'Univers. Les planètes du système solaire (les plus proches de nous) ont une influence certaine sur notre Terre et sur ses êtres vivants, dont nous-mêmes. Le cosmos agit sur nous, qu'on le veuille ou non ! Ayons conscience de cette influence naturelle et puissante dans nos vies, tant sur ce qui se passe à l'extérieur de nous (nos relations avec les autres par exemple) que sur ce qui se passe à l'intérieur de nous (nos émotions, nos états d'âme et notre jardin secret).

## L'IMPORTANCE DES PLANÈTES, DES SIGNES, DES MAISONS ET DES ÉLÉMENTS

Il existe plusieurs outils importants à considérer dans l'astrologie et notamment dans les thèmes astraux : les planètes, les maisons, les signes et les éléments. L'idée générale est de prendre un « instantané » du ciel au moment de la naissance, en analysant la position des astres.

### PLANÈTES

On considère généralement la position de 10 planètes du système solaire : Soleil, Lune, Mercure, Vénus, Mars, Jupiter, Saturne, Uranus, Neptune, Pluton. Comme les signes du zodiaque, que nous connaissons tous, chaque planète présente des caractéristiques particulières, voire une « personnalité » (voir p. 18 à 45). C'est la position de ces astres dans différentes zones du ciel qui nous renseigne sur nos signes astrologiques, nos maisons et sur d'autres éléments qui forment notre thème astral.

### SIGNES ET MAISONS

Désirant percer les secrets du cosmos, l'Homme a donc découpé le ciel (celui qui est visible depuis la Terre) en différentes portions, en leur attribuant des propriétés et des caractéristiques. En astrologie, on utilise simultanément plusieurs découpages :

- Soit les **signes astrologiques**, en lien avec 12 constellations d'étoiles dites « du zodiaque ». Chaque astre peut se trouver dans 12 zones, délimitées autour de chaque constellation : Bélier, Taureau, Gémeaux, Cancer, Lion, Vierge, Balance, Scorpion, Sagittaire, Capricorne, Verseau, Poissons (voir p. 48 à 51). Si au moment de notre naissance, le Soleil se trouvait dans la zone de la constellation du Bélier, notre signe astrologique solaire est le Bélier.

- Soit les **maisons astrologiques**, dont la détermination, plus complexe, a été et est parfois encore réalisée par les astrologues en fonction de leur pratique. Ce découpage du ciel, différent de celui en lien avec les constellations du zodiaque, permet d'obtenir 12 zones, correspondant aux « maisons » (ou « domiciles »), numérotées de 1 à 12 (voir p. 84 à 91), dans lesquelles peuvent se positionner les astres considérés.

### ÉLÉMENTS

Par ailleurs, les planètes et les signes, en fonction de leurs caractéristiques spécifiques, sont associés à l'un des quatre **éléments** : Feu, Terre, Eau et Air (voir p. 92 à 102).

**Pour illustrer les rôles et les interactions des planètes, des signes et des éléments, imaginez-vous une course cycliste à étapes, telle que le Tour de France, où :**

- Les différentes étapes sur le circuit prédéterminé sont les constellations.
- Les coureurs cyclistes qui se déplacent sur ce circuit connu à l'avance sont les planètes, les autres astres et les points fictifs.
- Les équipes cyclistes (c'est-à-dire le maillot que porte chaque cycliste en fonction de son équipe) sont les maisons, et donnent des informations sur les caractéristiques qui « habillent » chaque coureur.

## LES CORRESPONDANCES : UN OUTIL PRATIQUE DE MISE EN ŒUVRE

Dans ce livre, nous établirons des correspondances pour les signes, les planètes et les éléments. Ces correspondances pourront être établies avec des plantes (ou des parties de plantes), des huiles essentielles (HE), des macérats de bourgeons utilisés en gemmothérapie, des pierres et des cristaux, des éléments concrets (terre, eau...), des couleurs, des chakras, des jours de la semaine...

L'utilisation des correspondances permet de travailler sur le thème astral (le nôtre ou celui de quelqu'un d'autre) grâce à des rituels concrets. Par leur intermédiaire, nous pouvons agir pour rééquilibrer l'impact des planètes dans nos vies incarnées.

# LES PLANÈTES en astrologie

# Qu'est-ce qu'une planète en astrologie ?

**Dans l'Antiquité, les Hommes ont attribué aux planètes des symboles, des caractéristiques et même des personnalités, personnifiées en dieux et déesses. En astrologie, le terme « planète » décrit indifféremment des planètes (Mars, Vénus…), des satellites (Lune), des étoiles (Soleil), des planètes naines ou mineures (Chiron, Cérès) et des astéroïdes (Junon, Vesta).**

**CES PLANÈTES NOUS INFLUENCENT DE DEUX MANIÈRES :**

- Par les **positions qu'elles occupaient dans le ciel lors de notre naissance**, dont l'examen permet d'établir notre thème astral.
- Par les **places qu'elles occupent au temps T**, variant au fil de leurs transits sur leurs orbites respectives, dont l'étude permet d'établir les horoscopes, et qui peut également servir de supports à des rituels.

Nous allons décrire, dans les pages qui suivent, les informations que vous trouverez dans chaque fiche planète ; elles sont importantes, puisqu'elles permettent d'élaborer des rituels en intégrant le maximum de correspondances possibles.
Il existe plusieurs correspondances envisageables pour chaque item (par exemple, le Soleil peut être associé à 3 signes : Bélier, Cancer, Lion), mais pour simplifier la mise en place des rituels, nous avons fait le choix ici, quand nous le pouvions, de n'en évoquer qu'une seule.
Travailler sur une planète en particulier permet d'équilibrer ou d'amplifier certains aspects de notre vie sociale et professionnelle ou de notre vie intérieure, comme notre personnalité ou nos émotions.

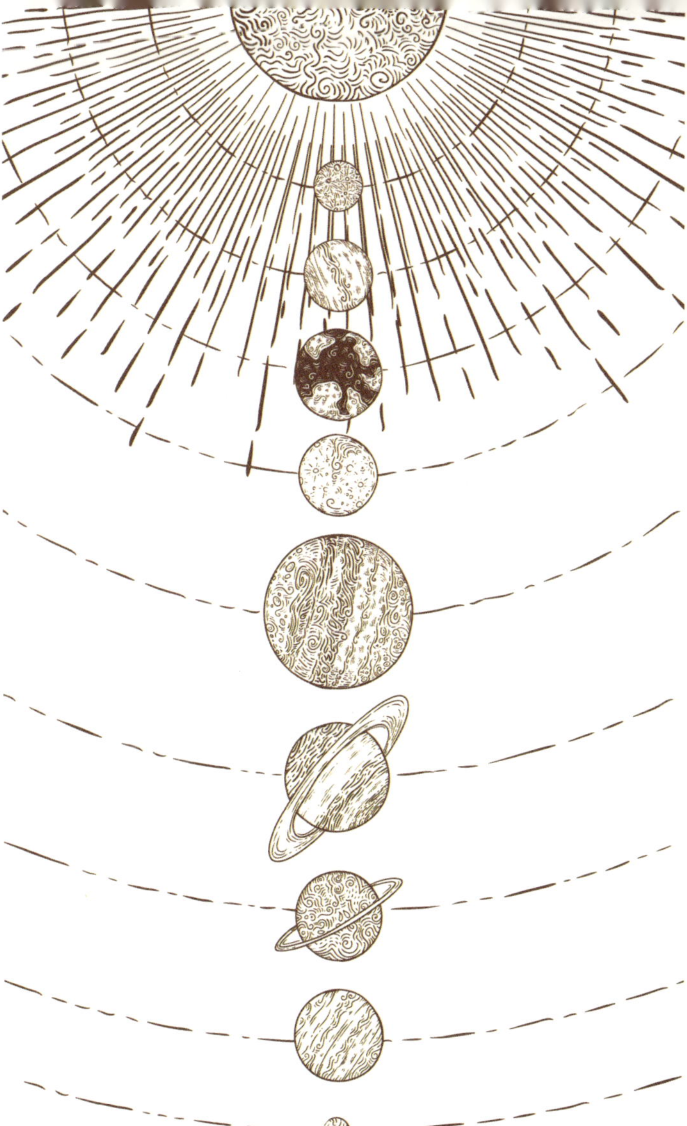

# La carte d'identité de chaque planète

**TYPE D'ASTRE**

Il peut être de type **feu** (Soleil), **rocheux** (constitué d'un substrat solide), **gazeux** (constitué de divers gaz plus ou moins denses) ou d'un **mélange** de roches et de glace (Pluton).

**PÉRIODE DE RÉVOLUTION AUTOUR DU SOLEIL**

Elle correspond au temps nécessaire pour faire le tour du Soleil. Cette période est très variable et peut être assez courte comme très longue. Un astre qui a une période de révolution rapide change régulièrement de place (et donc de signe et de maison) dans le ciel, tandis qu'un astre dit « super-lent » reste dans la même maison et le même signe pendant plusieurs années, voire plusieurs générations.

Ainsi, il existe trois types d'astres :

- Les astres les plus rapides sont dits « **personnels** », car ils parlent du « Je » : Lune, Mercure, Vénus, Mars.
- Les astres moins rapides sont dits « **semi-collectifs** » : ils parlent de la place du « Je » dans la société : Jupiter, Saturne.
- Les astres les plus lents sont dits « **super-lents** » : Uranus, Neptune, Pluton n'ont intégré l'astrologie que dans un second temps, faute de pouvoir être observés pendant longtemps. Ces astres sont dits « collectifs », car ils parlent de toute une société ou de toute une génération, ainsi que de l'inconscient collectif.

### DIEU

Dans l'Antiquité, les peuples (notamment les Grecs et les Romains) ont associé leurs dieux à certaines planètes, ces divinités partageant avec elles leurs caractéristiques et souvent leur nom. Par exemple, Mars, dieu de la Guerre, et la planète Mars, liée à l'Action et la Colère; Vénus, déesse de la Féminité, et la planète Vénus, liée à l'Amour et la Sensualité.

### SYMBOLES

Ce sont des signes figuratifs, des êtres animés ou des choses, qui représentent une planète. Ils en sont les images, les attributs, les emblèmes.

### CARACTÉRISTIQUES

Il s'agit des caractères spécifiques, des qualités typiques, distinctives de chaque planète.

### ORGANES

Chaque planète est liée à un ou des organes, ou systèmes physiologiques, sur lesquels on peut travailler d'un point de vue physique (phytothérapie par exemple) ou énergétique (yoga, qi gong...).

### ÉLÉMENT

Chaque planète peut être reliée à un élément ou à un autre en fonction de ses symboles et de ses caractéristiques : Feu, Terre, Air, Eau (voir p. 26 à 45).

### SIGNE

Une correspondance est établie entre un signe et une planète présentant des symboles ou des caractéristiques identiques ou similaires. Si une planète se trouve dans un signe correspondant, ces symboles et caractéristiques seront exacerbés : par exemple, la colère et le besoin d'agir peuvent être très présents chez une personne ayant un Bélier en Mars.

## CHAKRAS

Chaque planète peut être reliée à l'un des 7 chakras majeurs : racine, sacré, plexus solaire, cœur, gorge, 3e œil, coronal (voir p. 119). Ces chakras sont des roues d'énergie (ou vortex) qui captent l'énergie universelle (prana, qi) pour nourrir nos différents corps énergétiques.

## POLARITÉ

En fonction de ses symboles et caractéristiques, chaque planète est associée à une polarité féminine, masculine ou neutre.

## JOUR DE LA SEMAINE

À l'époque où aucun appareil d'observation n'existait, il était possible, à certains moments de l'année et en fonction de la zone du ciel que l'on scrutait, de voir certaines planètes du système solaire à l'œil nu. C'est toujours le cas aujourd'hui. Les Hommes, principalement les Grecs et les Romains de l'Antiquité, ont attribué des jours de la semaine à ces planètes proches, donc parfois visibles :

- **Lune :** lundi (*Monday* en anglais : le jour de la Lune, *Moon*)
- **Mars :** mardi
- **Mercure :** mercredi
- **Jupiter :** jeudi
- **Vénus :** vendredi
- **Saturne :** samedi (*Saturday* en anglais, le jour de Saturne, *Saturn*)
- **Soleil :** dimanche (*Sunday* en anglais, le jour du Soleil, *Sun*)

Nous aborderons les planètes à la lumière de ces modalités. L'ordre utilisé pour la présentation des planètes du système solaire est en accord avec les conventions astrologiques : Soleil, Lune, puis les planètes de la plus proche à la plus lointaine en fonction du Soleil.

# Soleil

## Soi & vitalité

Le Soleil impacte la carrière, les finances et les relations personnelles.

☉

| | |
|---|---|
| **Type d'astre** | étoile (feu) |
| **Dieux** | Sol (mythologie romaine), Hélios (mythologie grecque) |
| **Symboles** | Soi, ego, fierté, conscience, création, luminosité, énergie, autonomie, célébration, père, figure masculine |
| **Caractéristiques** | endurance, vitalité, confiance, fierté, identité, individualité, chaleur, leadership, autorité, accomplissement personnel, succès |
| **Organes** | cœur, moelle épinière, plexus solaire |
| **Élément** | Feu |
| **Signe** | Lion |
| **Chakra** | plexus solaire |
| **Polarité** | masculine |
| **Jour** | dimanche |
| **Caractéristiques potentiellement exacerbées** | Lion en Soleil |

**Le rituel du Soleil (voir p. 152-153)** sera mis en œuvre si le signe en Soleil (par exemple : Capricorne) se retrouve en excès dans le thème astral. Il sera également possible de le mettre en œuvre si les caractéristiques et les symboles décrits ci-dessus sont présents en excès ou insuffisamment. C'est le cas si vous souhaitez apporter plus d'autonomie, de luminosité, de création et de chaleur dans votre vie.

# Lune

## Émotions & instincts

La Lune influence la vie domestique, le bien-être émotionnel et l'intuition.

☾

| | |
|---|---|
| **Type d'astre** | rocheux |
| **Période de révolution autour de la Terre** | 29 jours (astre personnel) |
| **Déesses** | Diane (mythologie romaine), Artémis, à la Lune croissante ou décroissante, Séléné à la pleine lune et Hécate à la nouvelle lune (mythologie grecque) |
| **Symboles** | inconscient, rêves, besoins personnels, instincts, humeurs, paix, habitudes, enfant intérieur, mère, figure féminine, cuisine, cuisson au four, maison, foyer, grossesse, cycles |
| **Caractéristiques** | émotions, personnalité, sensibilité, réceptivité, réflexion, nourriture, intuition, intimité, instinct, besoin de sécurité primaire, désirs |
| **Organes** | estomac, sein, utérus, ovaires |
| **Élément** | Eau |
| **Signe** | Cancer |
| **Chakra** | sacré |
| **Polarité** | féminine |
| **Jour** | lundi |
| **Caractéristiques potentiellement exacerbées** | Cancer en Lune |

**Le rituel de la Lune (voir p. 154-155)** sera mis en œuvre si le signe en Lune (par exemple : Cancer) se retrouve de façon déséquilibrée (en excès) dans le thème astral. Il sera également possible de le mettre en œuvre si les caractéristiques et les symboles décrits ci-dessus sont présents en excès ou insuffisamment dans votre vie. Par exemple : si vous souhaitez apporter plus de sensibilité, de réceptivité, d'intuition et d'émotions dans votre vie.

# Mercure

## Communication & intellect

Mercure influence l'éducation, l'enseignement, les voyages, la communication et le commerce.

☿

| | |
|---|---|
| **Type d'astre** | rocheux |
| **Période de révolution autour du Soleil** | 88 jours (astre personnel) |
| **Dieux** | Mercure (mythologie romaine), Hermès (mythologie grecque) |
| **Symboles** | écriture, langage, apprentissage, raison, amis d'enfance, étudiant, dualité |
| **Caractéristiques** | communication, intelligence, intellect, informations sensorielles, pensée, jeunesse, vivacité, réflexion, verbalisation, agilité, capacités, apprentissage |
| **Organes** | abdomen, intestin grêle, système nerveux, épaules, mains, bras, poumons, pancréas |
| **Élément** | Air |
| **Signes** | Gémeaux, Vierge |
| **Chakra** | gorge |
| **Polarité** | neutre |
| **Jour** | mercredi |
| **Caractéristiques potentiellement exacerbées** | Gémeaux ou Vierge en Mercure |

**Le rituel de Mercure (voir p. 156-157)** sera mis en œuvre si le signe en Mercure (par exemple : Bélier) se retrouve de façon déséquilibrée (en excès) dans le thème astral. Il sera également possible de le mettre en œuvre si les caractéristiques et les symboles décrits ci-dessus sont présents en excès ou insuffisamment dans votre vie. Par exemple : si vous souhaitez apporter plus de communication, de réflexion, de vivacité et d'apprentissage dans votre vie.

# Vénus

## Amour & beauté

Vénus influence la romance, l'amitié, l'affection et la beauté.

♀

| | |
|---|---|
| **Type d'astre** | rocheux |
| **Période de révolution autour du Soleil** | 225 jours (astre personnel) |
| **Déesses** | Vénus (mythologie romaine), Aphrodite (mythologie grecque) |
| **Symboles** | amour romantique, amical et filial, attraction, relations, art, sociabilité, finances, charme, cadeau, luxe, attrait, confort, compromis, équilibre |
| **Caractéristiques** | harmonie, plaisir, sensualité, paix, féminité, grâce, valeurs, diplomatie, arts |
| **Organes** | reins, vessie, système lymphatique, cou, gorge, vertèbre cervicale |
| **Élément** | Terre |
| **Signes** | Balance, Taureau |
| **Chakra** | cœur |
| **Polarité** | féminine |
| **Jour** | vendredi |
| **Caractéristiques potentiellement exacerbées** | Balance ou Taureau en Vénus |

**Le rituel de Vénus (voir p. 158-159)** sera mis en œuvre si le signe en Vénus (par exemple : Poissons) se retrouve de façon déséquilibrée (en excès) dans le thème astral. Il sera également possible de le mettre en œuvre si les caractéristiques et symboles décrits ci-dessus sont présents en excès ou insuffisamment dans votre vie. Par exemple : si vous souhaitez apporter plus d'amour romantique, amical ou filial ou de sociabilité dans votre vie.

# Mars

## Action & désir

Mars influence le sport, le sexe, la compétition et la guerre.

♂

| | |
|---|---|
| **Type d'astre** | rocheux |
| **Période de révolution autour du Soleil** | 687 jours (astre personnel) |
| **Dieux** | Mars (mythologie romaine), Arès (mythologie grecque) |
| **Symboles** | agression, action, compétition, instinct de survie, corps, force, direction, position dominante, commandement |
| **Caractéristiques** | passion, courage, sexe, désir, affirmation de soi, impulsivité, colère, agressivité, témérité, autorité, énergie physique, dynamisme, volonté, pulsions sexuelles |
| **Organes** | tête, visage, cerveau, muscles, sang |
| **Élément** | Feu |
| **Signe** | Bélier |
| **Chakras** | plexus solaire, sacré |
| **Polarité** | masculine |
| **Jour** | mardi |
| **Caractéristiques potentiellement exacerbées** | Bélier en Mars |

**Le rituel de Mars (voir p. 160-161)** sera mis en œuvre si le signe en Mars (par exemple : Scorpion) se retrouve de façon déséquilibrée (en excès) dans le thème astral. Il sera également possible de le mettre en œuvre si les caractéristiques et les symboles décrits ci-dessus sont présents en excès ou insuffisamment dans votre vie. Par exemple : si vous souhaitez apporter plus d'affirmation de soi, de force, d'autorité et de témérité dans votre vie.

# Jupiter

## Optimisme & abondance

Jupiter influence l'argent et les affaires.

♃

| | |
|---|---|
| **Type d'astre** | gazeux |
| **Période de révolution autour du Soleil** | 11 ans et 315 jours (astre semi-collectif) |
| **Dieux** | Jupiter (mythologie romaine), Zeus (mythologie grecque) |
| **Symboles** | croissance, abondance, chance, finances, bonheur, voyages, affaires, loi, justice, pensée abstraite, opportunités, santé |
| **Caractéristiques** | optimisme, compréhension, expansion, gratitude, honneur, moralité, humour, bonne volonté, générosité, intégration sociale, évolution personnelle |
| **Organes** | fessier, cuisses, hanches, foie, système neuromusculaire |
| **Éléments** | Air, Feu |
| **Signe** | Sagittaire |
| **Chakras** | 3e œil, plexus solaire |
| **Polarité** | masculine |
| **Jour** | jeudi |
| **Caractéristiques potentiellement exacerbées** | Sagittaire en Jupiter |

**Le rituel de Jupiter (voir p. 162-163)** sera mis en œuvre si le signe en Jupiter (par exemple : Capricorne) se retrouve de façon déséquilibrée (en excès) dans le thème astral. Il sera également possible de le mettre en œuvre si les caractéristiques et les symboles décrits ci-dessus sont présents en excès ou insuffisamment dans votre vie. Par exemple : si vous souhaitez apporter plus d'abondance, d'expansion, de gratitude et de chance dans votre vie.

# Saturne

## Structure & restriction

Saturne influence le travail, la santé et la stabilité financière.

♄

| | |
|---|---|
| **Type d'astre** | gazeux |
| **Période de révolution autour du Soleil** | 29 ans et 167 jours (astre semi-collectif) |
| **Dieux** | Saturne (mythologie romaine), Cronos (mythologie grecque) |
| **Symboles** | structure, restriction, karma, obligation, fondations, responsabilités, obstacles, figure masculine, fardeaux, blocages, conventionnalité, tradition, affaires, liberté |
| **Caractéristiques** | discipline, ambition, autorité, dominance, travail, apprendre de ses erreurs, restrictions, réalisme |
| **Organes** | squelette, genoux, articulations, dents, ligaments, ongles |
| **Élément** | Terre |
| **Signe** | Capricorne |
| **Chakra** | racine |
| **Polarité** | neutre |
| **Jour** | samedi |
| **Caractéristiques potentiellement exacerbées** | Capricorne en Saturne |

**Le rituel de Saturne** **(voir p. 164-165)** sera mis en œuvre si le signe en Saturne (par exemple : Gémeaux) se retrouve de façon déséquilibrée (en excès) dans le thème astral. Il sera également possible de le mettre en œuvre si les caractéristiques et les symboles décrits ci-dessus sont présents en excès ou insuffisamment dans votre vie. Par exemple : si vous souhaitez apporter plus de discipline, d'ambition, de structure et de réalisme dans votre vie.

# Uranus

## Rébellion & excentricité

Uranus influence les aspects de la vie tels que l'amitié, les groupes sociaux et les avancées technologiques.

| | |
|---|---|
| **Type d'astre** | gazeux |
| **Période de révolution autour du Soleil** | 84 ans et 7 jours (astre collectif) |
| **Dieux** | Uranus (mythologie romaine),<br>Ouranos (mythologie grecque) |
| **Symboles** | rébellion, réforme, innovation, changement soudain, nouveauté, ouverture, progression rapide, technologie, société, astrologie, amitié, adoption, humanité, idéaux |
| **Caractéristiques** | excentricité, imprévisibilité, originalité, ingéniosité, liberté, bouleversement, tensions, connaissances, divination |
| **Organes** | chevilles, mollets, système circulatoire |
| **Élément** | Air |
| **Signe** | Verseau |
| **Chakra** | coronal |
| **Polarité** | masculine |
| **Caractéristiques potentiellement exacerbées** | Verseau en Uranus |

**Le rituel d'Uranus (voir p. 166-167)** sera mis en œuvre si le signe en Uranus (par exemple : Sagittaire) se retrouve de façon déséquilibrée (en excès) dans le thème astral. Il sera également possible de le mettre en œuvre si les caractéristiques et les symboles décrits ci-dessus sont présents en excès ou insuffisamment dans votre vie. Par exemple : si vous souhaitez apporter plus de nouveauté, de progression rapide, d'originalité et de liberté dans votre vie.

# Neptune

## Rêves & imagination

Neptune influence les aspects de la vie tels que la spiritualité, les capacités psychiques, les addictions et la musique.

| | |
|---|---|
| **Type d'astre** | gazeux |
| **Période de révolution autour du Soleil** | 164 ans et 281 jours (astre collectif) |
| **Dieux** | Neptune (mythologie romaine), Poséidon (mythologie grecque) |
| **Symboles** | mysticisme, occultisme, rêves, illusion, tromperie, dépendances, musique, souvenirs, photos, spiritualité, idéalisme, inconscient collectif, histoires, mythes, archétypes |
| **Caractéristiques** | intuition, imagination, confusion, réceptivité et énergie psychiques, inspiration, culpabilité, vulnérabilité, mystère, créativité |
| **Organes** | pieds, orteils, fluides corporels, glande pinéale (3e œil), système immunitaire |
| **Élément** | Eau |
| **Signe** | Poissons |
| **Chakra** | 3e œil |
| **Polarité** | féminine |
| **Caractéristiques potentiellement exacerbées** | Poissons en Neptune |

**Le rituel de Neptune (voir p. 168-169)** sera mis en œuvre si le signe en Neptune (par exemple : Verseau) se retrouve de façon déséquilibrée (en excès) dans le thème astral. Il sera également possible de le mettre en œuvre si les caractéristiques et les symboles décrits ci-dessus sont présents en excès ou insuffisamment dans votre vie. Par exemple : si vous souhaitez apporter plus d'imagination, de mysticisme, d'inspiration et de réceptivité et d'énergie psychiques dans votre vie.

# Pluton

## Pouvoir & transformation

Pluton influence les aspects de la vie tels que la sexualité, la mort et la renaissance.

| | |
|---|---|
| **Type d'astre** | glace et azote |
| **Période de révolution autour du Soleil** | 247 ans et 249 jours (astre collectif) |
| **Dieux** | Pluton (mythologie romaine), Hadès (mythologie grecque) |
| **Symboles** | pouvoir, transformation, mort, renaissance, évolution, sexe, subconscient, occulte, destruction, bouleversement, exhumation |
| **Caractéristiques** | intensité, désir, obsessions, contrôle, émotions profondes, réceptivité, peurs, envie de pouvoir et de possession, extrêmes, spiritualité |
| **Organes** | gros intestin, vessie, glandes sudoripares, système reproducteur, organes génitaux |
| **Élément** | Eau |
| **Signe** | Scorpion |
| **Chakra** | sacré |
| **Polarité** | neutre |
| **Caractéristiques potentiellement exacerbées** | Scorpion en Pluton |

**Le rituel de Pluton (voir p. 170-171)** sera mis en œuvre si le signe en Pluton (par exemple : Capricorne) se retrouve de façon déséquilibrée (en excès) dans le thème astral. Il sera également possible de le mettre en œuvre si les caractéristiques et les symboles décrits ci-dessus sont présents en excès ou insuffisamment dans votre vie. Par exemple : si vous souhaitez apporter plus de pouvoir, de transformation, de spiritualité et de subconscient dans votre vie.

# LES SIGNES du zodiaque

# Qu'est-ce qu'un signe en astrologie ?

Le zodiaque est une zone du ciel de 360° (appelée « roue du zodiaque ») observée depuis la Terre, dans laquelle on voit se déplacer le Soleil, la Lune et les principales planètes du système solaire.

Les signes du zodiaque ont été déterminés par les astronomes grecs et mésopotamiens de l'Antiquité, à partir de la position du Soleil dans l'axe de certaines constellations d'étoiles (portant le nom des signes associés) dans le ciel. « zodiaque » signifie d'ailleurs « roue des animaux » en grec.

Chaque signe est représenté par une portion de 30°, laquelle est subdivisée en 3 parties de 10° chacune appelée « décan ». On peut donc déterminer son signe solaire et son décan en fonction de la date, de l'heure et du lieu de sa naissance.

On peut aussi savoir quel est le signe actuel prédominant (c'est-à-dire au niveau de quelle constellation se situe l'axe solaire) en fonction du moment de l'année.

Par exemple, le Soleil étant en Vierge du 23 août au 22 septembre, toute personne née dans cet intervalle aura pour signe solaire la Vierge. Chaque année, la période du 23 août au 22 septembre est sous la gouvernance de la constellation de la Vierge. À ce moment-là, les caractéristiques de la Vierge peuvent être exacerbées chez les natifs de ce signe.

Les planètes du système solaire étant proches de nous, nous les voyons bouger depuis la Terre, contrairement aux constellations,

Poissons
Bélier
Taureau
Gémeaux
Cancer
Lion
Vierge
Balance
Scorpion
Sagittaire
Capricorne
Verseau

beaucoup plus lointaines, qui constituent une sorte de toile de fond cosmique.

Notre signe solaire est notre « signe astrologique » habituel, celui que l'on connaît tous. Dans le thème astral, il est complété par notre ascendant, notre descendant et les autres signes planétaires.

## SIGNES PLANÉTAIRES, ASCENDANTS ET DESCENDANTS

En plus de notre signe solaire, il est intéressant de déterminer nos signes planétaires, en prenant en compte la position de l'axe de certaines planètes dans les différentes zones des constellations du zodiaque lors de notre naissance. Le cumul des informations de la carte du ciel à cet instant précis détermine notre thème astral (voir p. 104 à 111), c'est-à-dire la position de toutes les planètes à ce moment-là. De nombreux sites proposent de réaliser gratuitement son thème astral en ligne, et calculent ces informations (astro.com, par exemple).

Notre ascendant et notre descendant, quant à eux, sont caractérisés par la position de points particuliers dans la carte du ciel à votre naissance. L'ascendant se rapporte au soi et détermine vos traits de caractère plus profonds et intimes. Votre descendant fournit des informations sur votre relation à autrui.

Ainsi, les signes planétaires (lunaires, vénusiens et autres), l'ascendant et le descendant viennent colorer, teinter, nuancer notre signe astrologique solaire.

## *13e signe astrologique, décalage des signes…*

Il existe en réalité 13 constellations (appelées « constellations de l'écliptique ») visitées périodiquement par le Soleil. Ainsi, pour certains astrologues, minoritaires, il faudrait en réalité ajouter un 13e signe astrologique (et on pourrait même aller jusqu'à 25 signes – Dauphin, Ourse, Pégase… – si l'on prend en compte toutes les constellations situées dans la bande du zodiaque !) : Ophiuchus, aussi appelé « Serpentaire ». Cela peut vous être utile si les descriptions habituelles de votre signe n'ont jamais semblé vous correspondre. Retrouvez le portrait d'Ophiuchus p. 76.

Voici la « mise à jour » des signes astrologiques :

**Capricorne :** 21 janvier-16 février
**Verseau :** 17 février-12 mars
**Poissons :** 13 mars-18 avril
**Bélier :** 19 avril-14 mai
**Taureau :** 15 mai-21 juin
**Gémeaux :** 22 juin-20 juillet
**Cancer :** 21 juillet-10 août
**Lion :** 11 août-16 septembre
**Vierge :** 17 septembre-31 octobre
**Balance :** 1er novembre-23 novembre
**Scorpion :** 24 novembre-29 novembre
**Ophiuchus (Serpentaire) :** 30 novembre-18 décembre
**Sagittaire :** 19 décembre-20 janvier

# Bélier

## 21 mars - 20 avril

### Nouveaux départs & prises de risques

Le Bélier est le signe des nouveaux départs, de la prise de risque et de l'affirmation de soi.

| | |
|---|---|
| **Symboles** | autorité, compétition, compétitivité, combat, masculinité, figure masculine, impatience, courage, indépendance, patron, dirigeant |
| **Caractéristiques** | direct, autoritaire, intrépide, impulsif, agressif, actif, égocentrique, passionné, sportif, guerrier, combattant, autodidacte |
| **Planète** | Mars |
| **Élément** | Feu |
| **Chakra** | sacré |
| **Couleur** | rouge |

En amour, il abandonne aisément ce qui ne fonctionne pas, il clôture facilement les relations passées et s'ouvre aux nouvelles possibilités qui s'offrent à lui.
Dans le domaine des finances, il prend des risques.
En spiritualité, il essaye volontiers de nouvelles expériences.

# Taureau

## 21 avril - 20 mai

### Bien-être émotionnel & financier

Le Taureau est le signe du bien-être émotionnel et financier, et il sait reconnaître ce qui vaut la peine dans la vie.

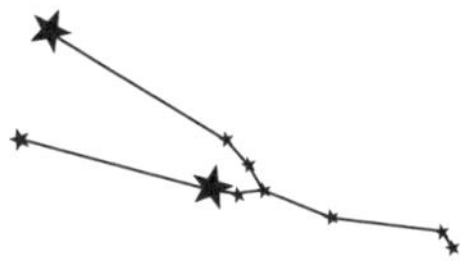

| | |
|---|---|
| **Symboles** | persistance, fermeté, dynamisme, stabilité, ténacité, sécurité, lenteur, matérialité, résistance au changement, arts, beauté, luxe, à la mode |
| **Caractéristiques** | patient, fiable, obstiné, indulgent, possessif, rancunier, chic |
| **Planète** | Vénus |
| **Élément** | Terre |
| **Chakra** | cœur |
| **Couleur** | vert foncé |

En amour, il pardonne à lui-même comme à l'autre les erreurs commises, et panse ses plaies pour aller de l'avant.
Dans le domaine de l'argent, il préfère privilégier l'économie à la dépense, ainsi que les investissements à long terme.
En spiritualité, il doit essayer d'avoir plus d'amour-propre, de prendre soin de lui, et de transformer le ressentiment envers l'Univers en gratitude, pour progresser.

# Gémeaux

## 21 mai - 21 juin

### Communication & discernement

Signe en lien avec la communication sous toutes ses formes, le Gémeaux aime sortir des sentiers battus.

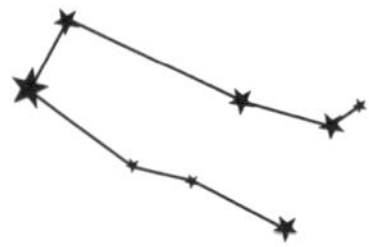

| | |
|---|---|
| **Symboles** | adaptabilité, agilité, communication, réseaux sociaux, incohérence, ragots, ruse, superficialité, dualité, amitiés proches, jumeaux, fratrie |
| **Caractéristiques** | intelligent, malin, curieux |
| **Planète** | Mercure |
| **Élément** | Air |
| **Chakra** | gorge |
| **Couleur** | jaune |

En amour, il privilégie la communication avec son partenaire pour lui expliquer ses envies et besoins au sein de la relation. Dans le domaine financier, il se méfie des arnaques ou des mauvais investissements. Il est créatif pour trouver des solutions à ses questions financières.
En spiritualité, il communique volontiers (soit par un journal, soit en parlant à ses guides spirituels ou anges gardiens) et gagnerait à se connecter plus souvent à son intuition.

# Cancer

**22 juin - 22 juillet**

## Émotions & loyauté

Le signe du Cancer est en lien avec les émotions (positives et/ou négatives), la loyauté et les relations enrichissantes, qu'elles soient récentes ou anciennes.

| | |
|---|---|
| **Symboles** | loyauté, éducation, émotions, soutien, compassion, amour inconditionnel, guérison, féminité, figure féminine, mère, ascendance, foyer, confort, sécurité |
| **Caractéristiques** | dépendant, passif-agressif, doux, sensible |
| **Planète** | Lune |
| **Élément** | Eau |
| **Chakra** | sacré |
| **Couleur** | argent |

Il nourrit ses relations amoureuses ou ses amitiés du moment, et voit de temps en temps une relation du passé revenir dans sa vie. Dans le domaine de l'argent, il investit (attention, les investissements peuvent être bons ou mauvais!), et demande de l'aide financière lorsque c'est nécessaire.
En spiritualité, il préfère garder ses habitudes de pratique pour privilégier un enracinement spirituel qui grandira avec le temps.

# Lion

## 23 juillet - 22 août

### Confiance & centre de l'attention

Le Lion est un signe de confiance, de prise de risques, qui aime être au centre de l'attention (dans un sens positif).

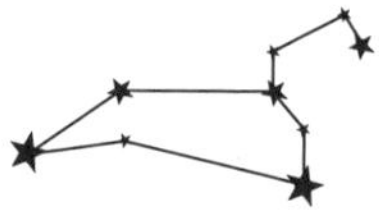

| | |
|---|---|
| **Symboles** | autorité, enfant intérieur, confiance, fierté, centre de l'attention, renommée, popularité, bonheur, glamour, divertissement, performance, royauté |
| **Caractéristiques** | espiègle, courageux, protecteur, généreux, charismatique, égoïste, vaniteux, dominant, artistique, chaleureux, extraverti, amusant |
| **Planète** | Soleil |
| **Élément** | Feu |
| **Chakra** | plexus solaire |
| **Couleur** | orange |

En amour, il dit volontiers à son ou sa partenaire quels sont ses besoins et ses désirs au sein de la relation.
Dans le domaine de l'argent, il aime faire des investissements et prendre des risques (toutefois limités).
En spiritualité, il doit travailler sur sa confiance en lui et sur son ego, et renforcer les aspects de sa vie qui manquent de soutien.

# Vierge

## 23 août - 22 septembre

### Pondération & rationalité

Ce signe est rationnel et pondéré,
et porte une attention particulière aux détails.

| | |
|---|---|
| **Symboles** | modestie, logique, responsabilités, organisation, communication, écriture, routine, service |
| **Caractéristiques** | humble, généreux, critique, obsessionnel, perfectionniste, propre, solitaire, rationnel, curieux, soucieux de l'environnement, serviable, réaliste, pragmatique |
| **Planète** | Mercure |
| **Élément** | Terre |
| **Chakra** | gorge |
| **Couleur** | brun |

En amour, il a tendance à ralentir l'évolution de ses relations sans essayer de forcer les choses et a besoin de temps seul. Dans le domaine de l'argent, il analyse et planifie en restant très raisonnable, tout en écoutant les conseils financiers de son entourage. Côté vie intérieure, il gagnerait à se concentrer sur les aspects pratiques de sa spiritualité pour la rendre plus fluide et naturelle. Il faut qu'il sorte du perfectionnisme pour pouvoir avancer sur son chemin.

# Balance

**23 septembre - 22 octobre**

## Équilibre & harmonie

Ce signe symbolise l'équilibre, l'harmonie, les relations et la socialisation.

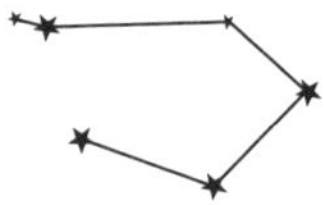

| | |
|---|---|
| **Symboles** | harmonie, relations aux autres, arts, indécision, superficialité, justice, débats, ordre public, ennemi déclaré |
| **Caractéristiques** | charmant, pacifique, diplomate, facile à vivre, intelligent, beau, amical, crédule, passif-agressif, réfléchi |
| **Planète** | Vénus |
| **Élément** | Air |
| **Chakra** | cœur |
| **Couleur** | rose |

En amour, il tend à souvent réfléchir à ce qu'il attend de sa relation pour toujours évaluer si elle est équilibrée ou non.
Dans le domaine financier, il n'a pas tendance à prendre de risques, et essaye de maintenir la situation actuelle avec prudence.
En spiritualité, il doit porter une attention particulière à sa pratique afin qu'elle soit plus harmonieuse.

# Scorpion

**23 octobre - 21 novembre**

## Mort & renaissance

Ce signe est en lien avec le sexe,
la mort et la renaissance.

| | |
|---|---|
| **Symboles** | passion, motivation, secret, sagesse, transformation, contrôle, destruction, jalousie, intimidation, véridique, émotions cachées, fin et début, restructuration, séparation |
| **Caractéristiques** | déterminé, puissant, audacieux, intense, paranoïaque, collant, sexy, vindicatif, vif |
| **Planète** | Pluton |
| **Élément** | Eau |
| **Chakra** | sacré |
| **Couleur** | noir |

En amour, il indique qu'une relation est arrivée à son terme, ou vivra sa renaissance.
Dans le domaine de l'argent, une étape de transformation est arrivée avec de gros changements financiers (dans un sens ou dans l'autre).
En spiritualité, quelque chose doit mourir pour renaître dans une meilleure version.

# Sagittaire

## 22 novembre - 21 décembre

### Connaissance & sagesse

Le Sagittaire, signe de connaissance et de sagesse, se concentre sur les voyages et les hautes études.

| | |
|---|---|
| **Symboles** | aventure, excès, expansion, recherche de la vérité, moral, ouverture d'esprit, polyvalence, paresse, agitation, gourmandise, richesse, irrespect, philosophie, hâte |
| **Caractéristiques** | optimiste, ambitieux, chanceux, enthousiaste, intelligent, vagabond, étudiant, érudit, énergique |
| **Planète** | Jupiter |
| **Élément** | Feu |
| **Chakra** | plexus solaire |
| **Couleur** | violet |

En amour, il recherche la vérité concernant sa relation, en lui-même, ou dans le monde extérieur.
Dans le domaine de l'argent, il creuse les questions financières, est à l'affût de nouvelles sources potentielles d'argent et analyse les détails de ses investissements.
En spiritualité, il réfléchit aux croyances et aux concepts qu'il doit abandonner pour avancer.

# Capricorne

## 22 décembre - 20 janvier

### Discipline & structure

Ce signe, discipliné et structuré, se concentre sur la manifestation de ses objectifs et l'amélioration de ses perspectives professionnelles.

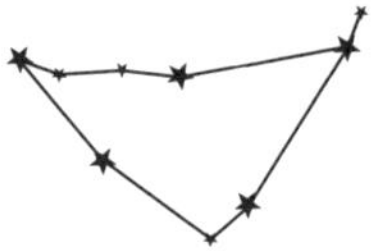

| | |
|---|---|
| **Symboles** | stratégie, détermination, discipline, patience, maître, stabilité, pessimisme, autolimitation, cynisme, figure masculine, commerce, barrières, contrôle |
| **Caractéristiques** | travailleur, responsable, intelligent, ambitieux, sûr, accablé, impitoyable, rigide, craintif, autoritaire |
| **Planète** | Saturne |
| **Élément** | Terre |
| **Chakra** | racine |
| **Couleur** | gris |

En amour, il se concentre sur la manifestation dans le concret : un projet d'enfant, un emménagement ensemble...
Dans le domaine de l'argent, il investit concrètement dans des projets à venir, comme l'achat d'une maison, d'un terrain, d'un objet, la réservation d'un voyage, l'inscription à une formation...
En spiritualité, il réfléchit aux pratiques qu'il doit mettre en œuvre pour atteindre des objectifs spécifiques afin de structurer son approche de la spiritualité.

# Verseau

## 21 janvier - 19 février

### Liberté & individualité

Ce signe symbolise un besoin de liberté, d'individualité et de changement.

| | |
|---|---|
| **Symboles** | progression, innovation, futurisme, détachement émotionnel, anticonformisme, humanitaire, amitiés, orientation vers l'avenir, technologie, inventions, sciences, logique, réseaux sociaux |
| **Caractéristiques** | intelligent, altruiste, amical, réformateur, dispersé, impersonnel, excentrique, ambitieux |
| **Planète** | Uranus |
| **Élément** | Air |
| **Chakra** | coronal |
| **Couleur** | bleu |

En amour, il a besoin de plus de liberté et de temps seul.
Dans le domaine de l'argent, il est adepte des changements d'habitudes financières.
En spiritualité, sa pratique devrait être plus individualiste et personnalisée. Il doit réfléchir à ce qui a du sens pour lui (et pas pour les autres).

# Poissons

## 20 février - 20 mars

### Compassion & honnêteté

Ce signe appelle à la compassion et à l'honnêteté.

| | |
|---|---|
| **Symboles** | mysticisme, spiritualité, évasion, dépendances, créativité, romance, musique, auto-apitoiement, fantasme, psychisme, introspection, caritatif, arts, vieilles âmes, maladie, autosacrifice, abnégation |
| **Caractéristiques** | rêveur, intuitif, compatissant, sensible, sauveur |
| **Planète** | Neptune |
| **Élément** | Eau |
| **Chakra** | 3e œil |
| **Couleur** | vert clair |

En amour, il doit être attentif aux émotions impliquées dans ses relations et travailler sur l'empathie.
Dans le domaine financier, il donne volontiers à une cause importante (peu importe la hauteur du don, tant qu'il vient du cœur).
En spiritualité, il devrait travailler sur la compassion envers lui-même et les autres.

# Portrait d'Ophiuchus

**30 novembre - 18 décembre**

le 13e signe

| | |
|---|---|
| **Symboles** | serpent, guérison, lumière, charisme, magnétisme |
| **Caractéristiques** | curieux, passionné, intelligent, créatif, avide, voire fervent de connaissances, en quête de sagesse, ouvert au changement, ennuyé par la routine, sournois, furtif, insidieux, secret, intrusif, indiscret, agité, critique, jaloux, colérique |
| **Planète** | Chiron |
| **Éléments** | Feu, Éther |
| **Chakra** | coronal |
| **Couleur** | vert |

L'Ophiuchus est intelligent et créatif, et caractérisé par une grande sagesse. Mystérieux et aimant passer du temps seul, il est parfois introverti. Il aime les personnes honnêtes et ne se dévoile complètement qu'à celles en qui il a confiance, et leur est extrêmement fidèle (à la limite parfois de la possessivité). Il dégage une énergie hypnotique, et est capable, par sa puissante intuition, de déceler les personnes fausses et fourbes. Lorsqu'il est aligné avec sa mission de vie, il est un puissant guérisseur spirituel.

# Signes, saisons et sabbats

**Les signes astrologiques peuvent être catégorisés en fonction des saisons et des sabbats (célébrations païennes) :**

## LES SIGNES DITS « CARDINAUX »

Ce sont ceux qui commencent une nouvelle saison; ils représentent donc un nouveau départ et sont dans l'action :

- **Le Bélier** commence le printemps à l'équinoxe de printemps (Pâques, Ostara : la fête païenne célébrant l'équinoxe du printemps).
- **Le Cancer** commence l'été au solstice d'été (Litha : la fête païenne célébrant le solstice d'été).
- **Le Balance** commence l'automne à l'équinoxe d'automne (Mabon : la fête païenne célébrant l'équinoxe d'automne).
- **Le Capricorne** commence l'hiver au solstice d'hiver (Noël, Yule : la fête païenne célébrant le solstice d'hiver).

## LES SIGNES DITS « FIXES »

Ils prennent leur place au centre de la saison; ces signes sont caractérisés par la solidité, la rigidité et le refus du changement :

- **Printemps :** Taureau
- **Été :** Lion
- **Automne :** Scorpion
- **Hiver :** Verseau

## Les signes dans d'autres pratiques astrologiques

Il existe plusieurs traditions astrologiques dans le monde. Ainsi, il peut être intéressant de se renseigner sur son signe astrologique chinois et/ou celtique. Vous pouvez par exemple utiliser la symbolique de l'animal et de l'élément correspondant à ces signes dans vos rituels.

**L'astrologie chinoise**
En Chine, les signes sont aussi organisés par série de 12, mais changent chaque année, et non pas chaque mois. Les signes sont associés à un élément, par exemple : Cochon d'eau en 1983, ou Dragon de métal en 2000.

**L'astrologie celtique**
Les 13 signes se déterminent en fonction des dates :
- Chat : 21 janvier-17 février
- Vipère/serpent : 18 février-17 mars
- Renard : 18 mars-14 avril
- Vache/taureau : 15 avril-12 mai
- Hippocampe : 13 mai-9 juin
- Roitelet : 10 juin-7 juillet
- Cheval : 8 juillet-4 août
- Saumon/poisson : 5 août-1er septembre
- Cygne : 2 septembre-29 septembre
- Papillon : 30 septembre-27 octobre
- Loup/chien : 28 octobre-24 novembre
- Faucon : 25 novembre-23 décembre
- Cerf/chevreuil : 24 décembre-20 janvier

**LES SIGNES DITS « MUTABLES »**

Ils se situent à la fin d'une saison; ils sont influençables et remuants, mais aussi caractérisés par une grande adaptabilité et flexibilité :

- **Printemps :** Gémeaux
- **Été :** Vierge
- **Automne :** Sagittaire
- **Hiver :** Poissons

# Les nœuds, Lilith et autres composantes additionnelles du thème astral

**Tout aussi importants, les nœuds et les autres points fictifs du ciel astral permettent d'affiner le thème et d'en préciser certains points. Voici les composants additionnels majoritaires du thème astral.**

**LES POINTS FICTIFS : LES NŒUDS LUNAIRES**

Les nœuds lunaires se situent aux points de croisement opposés entre l'orbite de la Lune et celle de la Terre.

### *NŒUD NORD : LA QUÊTE*

**Il représente notre potentiel, notre évolution et notre cheminement.**

Le Nœud Nord est bénéfique et caractérisé par l'expansion. Il est lié à l'inconnu, notre futur, notre destination, notre mission, nos défis et ce vers quoi nous sommes appelés. Il nous renseigne sur ce que nous avons à apprendre et ce vers quoi nous allons.

Le signe et la maison correspondant au Nœud Nord nous indiquent les domaines dans lesquels se situent nos plus grands défis de cette incarnation.

### *NŒUD SUD : LA RESSOURCE*

**Il représente le passé karmique et l'expérience acquise jusqu'à présent.**

Le Nœud Sud est maléfique et caractérisé par la contraction. Il est lié à ce qui nous est familier, le confort, notre passé (y compris les vies antérieures), notre chemin parcouru, nos instincts. Il nous renseigne sur ce que nous savons déjà et sur là d'où nous venons.

Le signe et la maison correspondant au Nœud Sud nous indiquent les domaines dans lesquels nous sommes naturellement doués.

### LILITH

C'est un point abstrait « vide » de l'orbite de la Lune, son opposé étant occupé par la Terre. Il représente notre dette karmique, notre part d'ombre et nos pouvoirs cachés.

### AUTRES

Notons aussi la présence des angles, vertex et part de fortune dans les thèmes astraux.

# Les objets célestes : astéroïdes, planètes naines et comètes

## CHIRON : LE « GRAND GUÉRISSEUR »

Cette planète mineure et comète représente nos blessures intimes et notre souffrance intérieure, mais aussi nos capacités de guérison et l'habilité à réduire la souffrance des autres. Elle caractérise aussi la sagesse, la patience et le passage du traditionnel au novateur.

**Signes associés : Sagittaire, Vierge, Ophiuchus**

## JUNON : LA SATISFACTION ROMANTIQUE

Cet astéroïde symbolise le rapport au couple et au mariage et la relation avec le partenaire conjugal. De manière plus large, il représente aussi les capacités d'adaptation, la défense des droits personnels et la vie associative.

**Signe associé : Taureau**

## CÉRÈS : LA PLANÈTE NOURRICIÈRE

Cette planète naine est liée à la parentalité, au maternage (de soi et des autres) et à la dévotion aux autres, mais aussi aux centres d'intérêt.

**Signe associé : Cancer**

## VESTA : DÉVOTION ET PROTECTION

Cet astéroïde symbolise le dévouement, voire le sacrifice à une cause collective pour laquelle on manifestera une grande efficacité. Plus généralement, il nous renseigne sur notre besoin de pureté et de distance.

**Signes associés : Scorpion, Vierge**

# LES MAISONS astrologiques

# Qu'est-ce qu'une maison en astrologie ?

**Le ciel – le même que pour l'établissement des signes, celui qui est vu de la Terre – a été arbitrairement et artificiellement divisé en 12 parties inégales, appelées « maisons » ou « demeures ». Chaque section représente une « maison », numérotée de 1 à 12.**

## COMPRENDRE L'ORIGINE DES MAISONS

Il existe différents types de découpes (que l'on appelle « domifications ») selon les traditions astrologiques. La plus courante est la méthode Placidus.

Comme les planètes ne sont pas fixes, qu'elles bougent sur leurs trajectoires et à des vitesses spécifiques, elles entrent et sortent régulièrement de ces 12 maisons à un rythme variable.

Comparativement aux divisions des signes, établies à partir des constellations, cette méthode de division du ciel est plus arbitraire (et établie dans le sens inverse). La découpe des constellations est la même pour tout le monde, alors que celle en maisons est individuelle. En effet, elle est réalisée en fonction de votre ascendant, et donc de vos heure et lieu de naissance, et dépend aussi de la méthode utilisée par l'astrologue ou le site consultés.

Bien que la logique des signes du zodiaque soit plus facile à comprendre, ces deux systèmes de découpe sont importants en astrologie : leur combinaison nous donne de précieux détails.

## COMPRENDRE L'UTILITÉ DES MAISONS

Les maisons permettent aux astrologues de préciser certains points dans le thème astral : elles ont trait aux aspects plus terre à terre de la vie, à la succession d'événements qui la jalonnent. Chaque maison porte des caractéristiques propres et représente des aspects spécifiques de la vie et du genre humain, qui ressent des états d'âme et des émotions qu'il est capable d'exprimer, et qui se pose des questions existentielles. Dans votre thème astral, la maison dans laquelle le nombre de planètes est le plus élevé est dite « maison dominante ». L'ensemble des configurations planètes/maisons visibles depuis l'endroit précis où un être vivant vient au monde, à un temps T, enrichit son thème astral (voir p. 104 à 111).

Par ailleurs, chaque planète, présentant ses propres caractéristiques et sa personnalité, entre et sort régulièrement des maisons. En fonction de la maison « habitée » transitoirement par cette planète, on obtient un duo qui va conjuguer ses particularités. Tous les binômes « maisons/planètes » ont des impacts en permanence sur tous les êtres vivants sur Terre.

## LES MAISONS DANS LE THÈME ASTRAL

Dans votre thème astral, si par exemple Vénus est en maison 1, on conjugue la sensualité à l'action, et ce duo donne naissance à un pouvoir de séduction, un magnétisme, une aisance naturelle sur le plan physique. Autre exemple : si Mercure est en maison 5, une forte créativité et une imagination débordante sont au rendez-vous. Vous êtes donc sociable et curieux : l'apprentissage et la transmission du savoir vous sont aisés. Ces exemples sont très généraux, ils sont à intégrer et à nuancer grâce à la totalité de votre thème astral.

**MAISONS ET CORRESPONDANCES**

Il est tout à fait possible, en fonction de vos heure et lieu de naissance, que votre maison 1 se superpose à la constellation du Bélier, et que Mars y soit présent à cet instant. Dans ce cas, il est probable (mais pas certain) que les caractéristiques communes de cette planète, de ce signe et de cette maison (ego, soi, action, vitalité, voire colère) se conjuguent et s'exacerbent.

On peut mettre en relation les symboles et caractéristiques des signes, des maisons et des planètes, établissant ainsi des correspondances entre eux, comme dans le tableau ci-dessous :

| *Maison* | *Signe/constellation* | *Planète* |
|---|---|---|
| **Maison 1** | Bélier | Mars |
| **Maison 2** | Taureau | Vénus |
| **Maison 3** | Gémeaux | Mercure |
| **Maison 4** | Cancer | Lune |
| **Maison 5** | Lion | Soleil |
| **Maison 6** | Vierge | Mercure |
| **Maison 7** | Balance | Vénus |
| **Maison 8** | Scorpion | Pluton |
| **Maison 9** | Sagittaire | Jupiter |
| **Maison 10** | Capricorne | Saturne |
| **Maison 11** | Verseau | Uranus |
| **Maison 12** | Poissons | Neptune |

Il n'est pas « grave » ni « anormal » d'avoir ou de ne pas avoir un duo « maison/signe » aux caractéristiques similaires qui se superposent dans votre thème astral (par exemple : Bélier et maison 1) et d'avoir ou de ne pas avoir la planète correspondante à cet endroit-là (dans notre exemple : Mars). Votre thème astral est tel qu'il est, et ne donne que des indications et des probabilités sur votre chemin de vie et votre personnalité. Vous restez seul maître à bord dans votre vie. Il est bien en revanche d'en être conscient. Cela peut vous permettre de comprendre certains événements de votre vie ou certains de vos traits de caractère, et de travailler dessus grâce aux rituels.

**Pour plus de simplicité et d'efficacité, nous ne proposons dans ce livre que des rituels entrant en résonance avec les signes et les planètes, et laissons de côté les maisons. Il est toutefois intéressant de les étudier pour aborder son thème astral avec nuance.**

### MAISON 1 : EGO, SOI, TEMPÉRAMENT

Elle représente le soi, votre vie personnelle, votre apparence, votre attitude, votre identité, vos objectifs, votre approche de la vie et comment vous voyez le monde. Elle souligne votre indépendance et votre individualité. Elle indique également les nouveaux départs, et alerte sur de potentiels futurs accidents et les premières impressions.

### MAISON 2 : VALEURS, ARGENT, POSSESSIONS

Elle est en lien avec l'argent (richesse ou pauvreté), les transactions, les revenus et les possessions et les désirs matériels, mais aussi avec la routine quotidienne et les soins que vous vous octroyez. Elle souligne l'estime de soi, les valeurs, les priorités et l'éthique de travail.

### MAISON 3 : COMMUNICATION, ÉDUCATION, RELATIONS

Elle est en lien avec la fratrie ou les liens familiaux, qu'ils soient par le sang ou par le cœur, vos voisins, les déplacements (trajets, voyages courte distance), l'école, l'esprit, la réflexion, mais aussi les échanges de courriers ou de mails, les activités sociales et les conseils. Elle symbolise la communication, les médias, les commérages.

**MAISON 4 : MAISON, FOYER, FAMILLE**

Elle est en lien avec les parents ou les figures parentales (tuteurs), ainsi qu'avec la vie du foyer, les affaires domestiques, la famille (enfants), les ancêtres, l'immobilier et l'héritage, symbolisant les racines et les fondations. Elle représente aussi la fin de quelque chose (emploi, relation, décès d'un parent).

**MAISON 5 : AMOUR, AFFECTION, CRÉATIVITÉ, PLAISIR**

Elle représente la femme, la fertilité, la grossesse, les enfants et la créativité, ainsi que la romance, les rencontres, le plaisir, les loisirs, le jeu, l'eau et la pluie. Elle est en lien avec l'expression de soi et les excès.

**MAISON 6 : SANTÉ, TRAVAIL, SERVITUDES**

Elle symbolise la santé, l'hygiène, le bien-être et la forme physique et les blessures, mais aussi la routine du quotidien, les habitudes de travail, les animaux domestiques, les employés, les collègues et le service aux autres.

**MAISON 7 : RELATIONS, PARTENAIRES, MARIAGE, ENNEMIS**

Elle est en lien avec les relations personnelles ou professionnelles et l'établissement de nouveaux partenariats (en amour ou en affaires). Elle signale des événements tels que mariage, divorce, procès, nouveaux contrats, rivalités, et vous alerte sur la potentielle présence de voleurs (au sens large). Elle symbolise la justice et l'égalité.

**MAISON 8 : HÉRITAGE, FINANCES, MORT, TRANSFORMATION, SEXE**

Elle représente la mort (réelle ou symbolique), la naissance et la renaissance, les transformations, transmutations et grandes périodes de changements, mais aussi les secrets et tabous.

Elle vous alerte sur les dettes, impôts, hypothèques, prêts, legs et héritages, mais aussi sur les enquêtes, les dangers, la souffrance, l'occulte, le mystère, l'intimité et l'argent des entreprises.

### MAISON 9 : VOYAGES, ÉTUDES, APPRENTISSAGE, BUTS

Elle symbolise la religion, la philosophie, les rêves, la divination, la sagesse, l'enseignement supérieur, la formation, l'apprentissage, l'éthique, mais aussi les voyages longue distance, les cultures étrangères, l'éducation, les arts, les médias, l'édition et les avocats.

### MAISON 10 : CARRIÈRE, ENTREPRISE, AMBITION, RÉPUTATION

Elle concerne l'activité professionnelle, le succès, la fortune, la gloire, l'expertise, la renommée et la réputation, la reconnaissance ou une récompense, un changement de carrière ou un nouvel emploi, mais aussi l'environnement et le climat. Elle symbolise les objectifs à long terme, le statut, la structure, l'autorité, la masculinité, les hommes et les figures paternelles.

### MAISON 11 : AMITIÉ, CERCLE SOCIAL, RÉSEAUX, RÊVES

Elle symbolise la chance, le regain d'espoir, les groupes, les activités de groupe, le collectif, la conscience sociale, l'humanitaire, les amis, les personnes soutenantes et aidantes, la protection, la richesse, les louanges, les présents, la reconnaissance, l'avenir, mais aussi la technologie, les médias, les espoirs et les souhaits.

### MAISON 12 : MORT ET RENAISSANCE, SECRETS, SPIRITUALITÉ, INCONSCIENT

Elle représente l'emprisonnement, la perte, le chagrin, les ennemis (cachés), la confiance trahie, les schémas négatifs qui se répètent dans votre vie, la solitude, la mort, le suicide, le meurtre, les peurs, les secrets, les souffrances, les dépendances, les choses cachées, les pensées les plus profondes, les rêves, le subconscient, la spiritualité, le karma, les vies antérieures, la vieillesse et les institutions de santé.

# LES ÉLÉMENTS en astrologie

# Feu

## Chaleur & transformation

△

Chacun des 4 éléments est doté de caractéristiques qui lui sont propres. C'est une composante essentielle du travail en astrologie. Chaque élément gouverne 3 signes et plusieurs planètes, et a un impact sur le tempérament et la personnalité.

Le Feu gouverne la chaleur, notre cœur et la purification de ce qui n'a plus lieu d'être pour laisser la place à la nouveauté. En lien avec la manifestation et la compréhension, il est aussi caractérisé par l'inspiration, la créativité, la passion, la confiance et l'extériorisation.

Il confère naturellement de l'enthousiasme, de la franchise, de la fougue et de la passion aux :

- Bélier, Lion, Sagittaire
- Signes en Soleil et en Mars

Si l'influence du Feu est trop importante, ces qualités seront démultipliées et pourront se transformer en colère, violence, agressivité, irritabilité, vengeance ou en envie de tout contrôler, par exemple.

| | |
|---|---|
| **Pierres** | cornaline, ambre, grenat, pierre de soleil, opale de feu, agate de feu, jaspe rouge, œil-de-tigre |
| **Saison** | été |
| **Énergie** | protectrice, yang |
| **Chakra** | plexus solaire |
| **Couleurs** | rouge vif, rouge-orange, jaune-orange, jaune d'or, doré, blanc, bleu électrique |

# Terre

## Stabilité & solidité

La Terre est nourricière et représente notre corps physique, sa solidité et sa stabilité. Elle est en lien avec l'ancrage, les fondations et la contemplation. Elle est caractérisée par les aspects pratiques, la sensualité et la patience.

Elle apporte naturellement le pragmatisme, le réalisme, la solidité, la stabilité et la persévérance aux :

- Taureau, Vierge, Capricorne
- Signes en Vénus et Saturne

Si l'élément Terre est trop présent, on pourra observer de la froideur, un manque d'ouverture aux autres, de la timidité, de la paresse, des peurs et angoisses, un manque de confiance en soi ou un déséquilibre entre le féminin et le masculin.

| | |
|---|---|
| **Pierres** | malachite, jade, péridot, émeraude, obsidienne noire, hématite, jais, quartz rutile, jaspe léopard, bois pétrifié |
| **Saison** | été |
| **Énergie** | réceptrice, yin |
| **Chakra** | racine |
| **Couleurs** | vert, brun, rouge foncé, rouge-orange foncé |

# Eau

## Fluidité & émotions

▽

L'Eau gouverne la fluidité des émotions et des sentiments. Donnant la vie à tout ce qui existe sur Terre, elle est en lien avec l'achèvement, l'accomplissement et la guérison. Elle est caractérisée par l'intuition, la sensibilité et les perceptions.

Elle attribue naturellement une grande sensibilité, de l'émotivité, de l'imagination et de l'intuition aux :

- Cancer, Scorpion, Poissons
- Signes en Lune, Neptune, Pluton

Si l'élément Air est trop présent, on observera de l'hypersensibilité, un manque de réalisme, un côté trop rêveur et « dans la lune », voire imprévisible. On notera aussi un manque d'énergie, une incapacité à dire non, de l'irresponsabilité, de l'indifférence, de la négligence ou de la dépendance affective.

| | |
|---|---|
| **Pierres** | aigue-marine, béryl, sodalite, lapis-lazuli, fluorite, pierre de lune, lépidolite |
| **Saison** | automne |
| **Énergie** | réceptrice, yin |
| **Chakra** | sacré |
| **Couleurs** | bleu, argenté, turquoise, vert d'eau, irisé |

# Air

## Pensées & inspiration

L'Air gouverne notre respiration, mais aussi notre inspiration provenant de l'invisible et s'intégrant dans la matérialité. Il est en lien avec nos pensées et leur légèreté, les communications intuitives et psychiques, le savoir, l'apprentissage, les nouveaux départs, les changements et les voyages. Il est caractérisé par l'intellectualité, la curiosité, l'esprit d'initiative et la rapidité de réflexion.

Il confère naturellement de grandes qualités de communication et d'échange à ces signes vifs d'esprit, curieux, touche-à-tout :

- o Gémeaux, Balance, Verseau
- o Signes en Mercure, Jupiter, Uranus

Si l'influence de l'élément Air est trop importante, on pourra noter une tendance à se laisser trop distraire, à papillonner sans réussir à se fixer. On peut aussi observer des problèmes relationnels et familiaux, des ruptures, une difficulté à trouver sa place, de la solitude, de l'isolement…

| | |
|---|---|
| **Pierres** | saphir, citrine, quartz fumé, tourmaline, améthyste, rhodonite, célestite, tourmaline noire, cristal de roche, labradorite |
| **Saison** | printemps |
| **Énergie** | protectrice, yang |
| **Chakra** | cœur |
| **Couleurs** | blanc, argenté, jaune, gris clair, gris-bleu |

# Quand travailler sur les éléments en astrologie ?

**On peut travailler de diverses façons sur les éléments pour rééquilibrer leur influence en astrologie, grâce aux rituels proposés p. 172 à 182.**

## TEMPÉRER L'ÉLÉMENT EN EXCÈS

Vous pourrez travailler sur les éléments :

**1.** Si votre thème astral (104 à 111) présente plusieurs signes du même élément, à l'excès comparativement aux autres éléments. Par exemple avec l'élément Eau : 3 Cancer, 3 Scorpion et 3 Poissons sur l'ensemble des 10 signes du thème astral.

**2.** Si votre thème astral présente plusieurs duos signes/planètes du même élément. Par exemple avec l'élément Eau : Poissons en Neptune, Scorpion en Lune et Cancer en Pluton.

## DYNAMISER LES ÉLÉMENTS DÉFICITAIRES

Si certaines caractéristiques d'un élément (l'Eau dans notre exemple) sont présentes à l'excès au point de poser problème, on pourra compléter le travail en travaillant sur d'autres éléments semblant déficitaires. Par exemple, une personne du signe Poissons en Lune et en Neptune qui est trop « dans la lune » pourra tempérer l'élément Eau, mais aussi travailler sur son ancrage en soutenant l'élément Terre : soit concrètement avec de la terre ou du *earthing* (marcher pieds nus sur la terre), soit grâce aux correspondances en lien avec l'élément Terre (voir « Rituel de l'élément Terre » p. 176-177).

# LE THÈME astral

# Une carte d'identité astrologique très personnelle

**Vous l'avez compris, votre thème astral est l'interprétation de la carte du ciel à votre naissance, vue de votre lieu de naissance. Le moment est venu de conjuguer les différents outils présentés dans ce livre (planètes, signes, maisons, éléments) et de les appréhender collectivement.**

La position de chacune des planètes dans chaque signe et chaque maison astrologique communique des informations sur votre caractère et votre chemin de vie. Il en découle des conseils pour vous aider dans votre incarnation. Pour remplir les pages qui suivent, munissez-vous de votre thème astral, que vous aurez préalablement réalisé gratuitement en ligne (par exemple sur le site astro.com).

## VOTRE PROPRE THÈME ASTRAL SIMPLIFIÉ À COMPLÉTER

Le but de ce thème astral simplifié n'est pas de s'arrêter à des constatations, mais bien de travailler sur les déséquilibres, pour harmoniser les différents aspects de votre vie et de votre tempérament. Si vous disposez de votre thème astral complet (avec les points fictifs, les astéroïdes, les planètes naines, etc.), utilisez-en l'intégralité afin de déterminer les répartitions des signes et des éléments (et modifiez les calculs en conséquence).

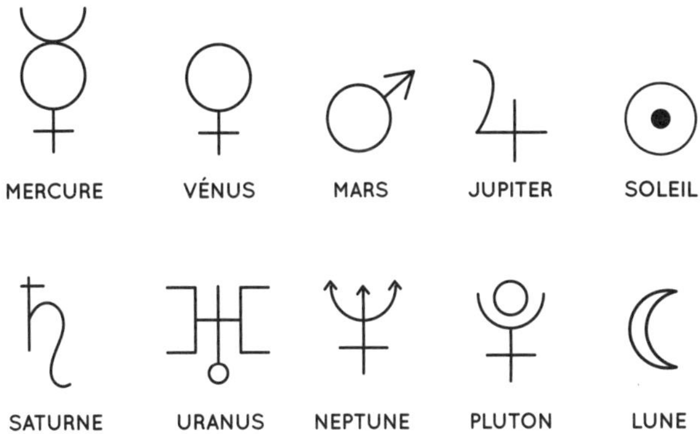
MERCURE
VÉNUS
MARS
JUPITER
SOLEIL
SATURNE
URANUS
NEPTUNE
PLUTON
LUNE

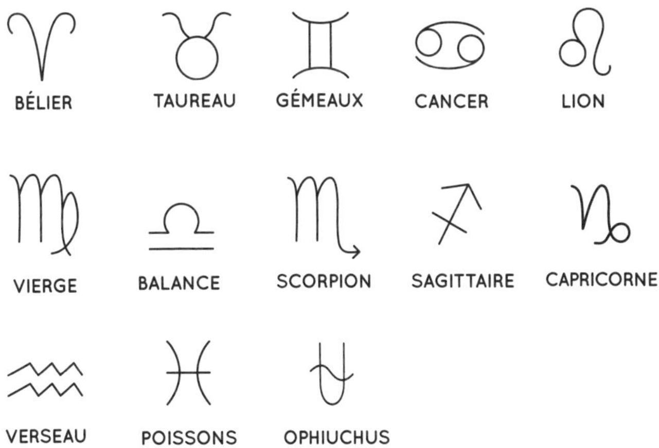
BÉLIER
TAUREAU
GÉMEAUX
CANCER
LION
VIERGE
BALANCE
SCORPION
SAGITTAIRE
CAPRICORNE
VERSEAU
POISSONS
OPHIUCHUS

## Complétez les signes et les maisons :

☉ **Soleil en** ...................... (signe) **et maison** ...................... (chiffre)

☾ **Lune en** ...................... (signe) **et maison** ...................... (chiffre)

☿ **Mercure en** .................. (signe) **et maison** .................. (chiffre)

♀ **Vénus en** ..................... (signe) **et maison** ..................... (chiffre)

♂ **Mars en** ..................... (signe) **et maison** ..................... (chiffre)

♃ **Jupiter en** .................. (signe) **et maison** .................. (chiffre)

♄ **Saturne en** .................... (signe) **et maison** .................... (chiffre)

♅ **Uranus en** ................. (signe) **et maison** ................. (chiffre)

♆ **Neptune en** ................. (signe) **et maison** ................. (chiffre)

♇ **Pluton en** .................... (signe) **et maison** .................... (chiffre)

**Ascendant :** ........................................ (signe)

**Descendant :** ........................................ (signe)

## Comptez les occurrences pour lister les répartitions :

SIGNES :

♈ **Bélier (Feu) :** ... / 12 soit ... %

♉ **Taureau (Terre) :** ... / 12 soit ... %

♊ **Gémeaux (Air) :** ... / 12 soit ... %

♋ **Cancer (Eau) :** ... / 12 soit ... %

♌ **Lion (Feu) :** ... / 12 soit ... %

♍ **Vierge (Terre) :** ... / 12 soit ... %

♎ **Balance (Air) :** ... / 12 soit ... %

♏ **Scorpion (Eau) :** ... / 12 soit ... %

♐ **Sagittaire (Feu) :** ... / 12 soit ... %

♑ **Capricorne (Terre) :** ... / 12 soit ... %

♒ **Verseau (Air) :** ... / 12 soit ... %

♓ **Poissons (Eau) :** ... / 12 soit ... %

Calculez le pourcentage pour chaque signe :
(100 x [nombre d'occurrences du signe en question]) / 12

**Liste des 3 signes majoritaires :**

................

................

................

**MAISONS :**

**Maison 1 :** ... / 10 soit ... %

**Maison 2 :** ... / 10 soit ... %

**Maison 3 :** ... / 10 soit ... %

**Maison 4 :** ... / 10 soit ... %

**Maison 5 :** ... / 10 soit ... %

**Maison 6 :** ... / 10 soit ... %

**Maison 7 :** ... / 10 soit ... %

**Maison 8 :** ... / 10 soit ... %

**Maison 9 :** ... / 10 soit ... %

**Maison 10 :** ... / 10 soit ... %

**Maison 11 :** ... / 10 soit ... %

**Maison 12 :** ... / 10 soit ... %

Calculez le pourcentage pour chaque maison :
(100 x [nombre d'occurrences de la maison en question]) / 10

**Liste des 3 maisons majoritaires :**

................

................

................

**ÉLÉMENTS :**

Dans la partie signes, prenez les pourcentages pour chaque élément et additionnez-les :

**Feu :** ... (Bélier) + ... (Lion) + ... (Sagittaire) = ... %

**Terre :** ... (Taureau) + ... (Vierge) + ... (Capricorne) = ... %

**Air :** ... (Gémeaux) + ... (Balance) + ... (Verseau) = ... %

**Eau :** ... (Cancer) + ... (Scorpion) + ... (Poissons) = ... %

Si vous avez un diagramme des éléments issu de votre thème astral complet, utilisez-le pour la mise en œuvre des rituels dédiés aux éléments (voir p. 172 à 182).
Un thème astral aux éléments équilibrés contient 25 % de chaque élément.

Que faire avec ces résultats et votre thème astral de manière générale? Rendez-vous à la page suivante pour commencer le travail concret d'harmonisation de votre vie extérieure et de votre vie intérieure grâce aux rituels.

# LES rituels

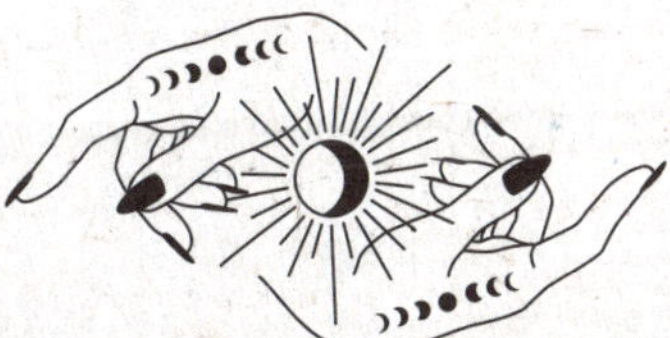

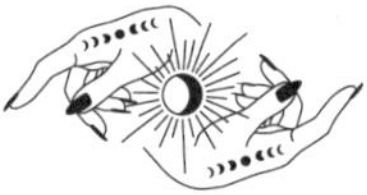

# De concepts abstraits à des rituels incarnés

**Lorsque l'on se rend compte de l'impact et de l'influence du cosmos sur la Terre et tout ce qui y vit, nous pouvons ressentir un élan pour ce que nous offre l'astrologie. Nous pouvons avoir envie de travailler avec les planètes, les signes et les maisons, pour apprendre à mieux nous connaître et ramener l'harmonie dans nos vies en utilisant concrètement l'astrologie.**

Mais comment faire, puisque ces planètes sont beaucoup trop lointaines, et, d'ailleurs, pour la grande majorité, inhospitalières et inhabitables? Comment intégrer en pratique dans nos existences des concepts intangibles, parfois compliqués à comprendre pour les non-astrologues? Comment ramener ces concepts et ces planètes lointaines dans nos vies du quotidien, incarnées sur Terre?

De fait, le thème astral est une somme de connaissances intellectuelles, une interprétation abstraite de la position des astres dont on ne peut pas faire grand-chose : on peut seulement constater sa véracité, sans rien pouvoir mettre en œuvre par la suite. Une réponse est proposée avec les rituels inspirés de l'astrologie : ils sont une mise en œuvre concrète, pratique, qui rééquilibre et réharmonise votre vie de façon proactive, impliquée et incarnée. Ils permettent d'améliorer votre vie « extérieure » et votre vie « intérieure » grâce aux correspondances établies avec ce qui est physiquement palpable sur Terre (plantes, pierres, éléments…). Cela permet à ces rituels d'être agréables, confortables, tangibles, on pourrait dire « traduits dans notre propre langage d'humain sur Terre », de ramener l'harmonie sur notre chemin de vie, en parfaite cohérence avec notre environnement cosmique dans lequel nous sommes inextricablement intégrés, quoi qu'il arrive.

Pour bien ancrer le changement dans la réalité, faire venir l'harmonisation dans la matérialité, modifier différents aspects de notre vie et de notre personnalité de façon visible, et pouvoir acter la transformation opérée, il est nécessaire de dire le texte proposé dans les rituels à voix haute.

## Planètes visibles et rituels

De tout temps, les rituels ont existé, exécutés par les druides, les chamanes, les sorcières, les guérisseurs… Ces êtres éclairés ont toujours été conscients de l'importance du cosmos, et en particulier des planètes du système solaire, parfois visibles à l'œil nu. Pensons à Vénus, aussi appelée « l'étoile du berger », car c'est l'astre le plus brillant (et donc remarquable) après le Soleil et la Lune. L'aspect astrologique (planètes, constellations, maisons, et signes) constitue une part importante des rituels des divers peuples du monde à travers les millénaires.

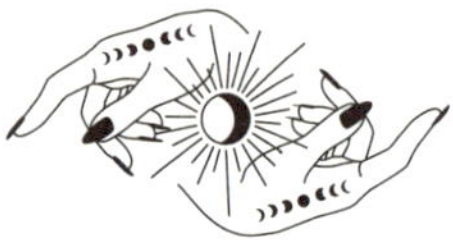

# Des rituels inspirés par l'astrologie : pourquoi, quand, comment

**POURQUOI?**

- Pour se sentir bien (ou mieux) sur tous les plans (physique, psychique, émotionnel, spirituel)
- Pour se sentir connecté à l'Univers, tout en étant pleinement incarné sur Terre
- Pour recevoir une guidance par intuition ou par signes et synchronicités

**QUAND?**

- Quand on se sent déconnecté de son chemin de vie, de son incarnation
- Quand on a besoin d'un soutien ou d'une guérison sur tous les plans (physique, psychique, émotionnel, spirituel)
- Quand certains éléments de sa vie doivent être rééquilibrés (car en excès ou en défaut)

**COMMENT?**

- En se rendant compte du fort impact du cosmos sur soi-même
- En établissant une puissante intention
- En réalisant les rituels élaborés avec les correspondances en lien avec les signes, les planètes ou les éléments

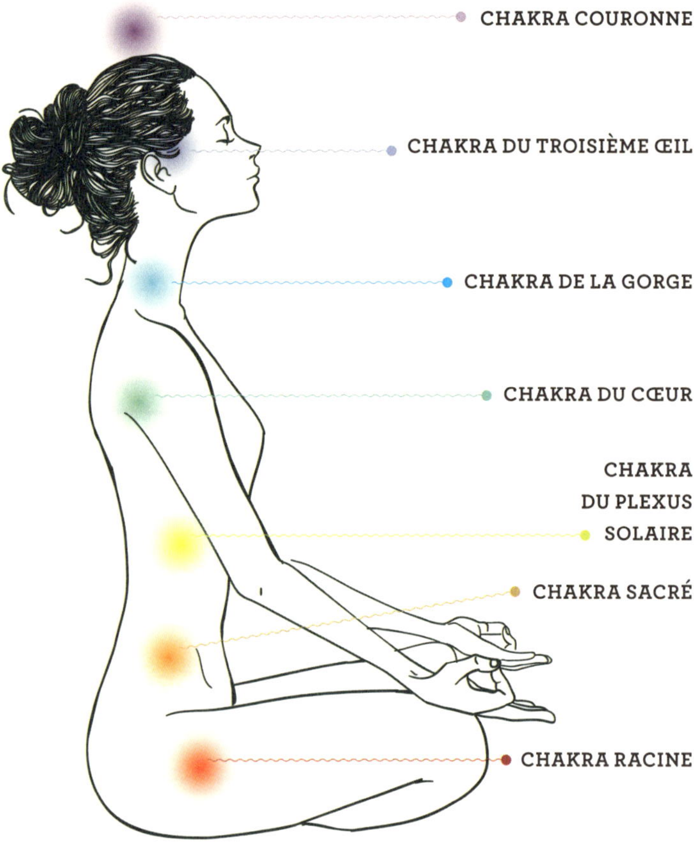
CHAKRA COURONNE
CHAKRA DU TROISIÈME ŒIL
CHAKRA DE LA GORGE
CHAKRA DU CŒUR
CHAKRA DU PLEXUS SOLAIRE
CHAKRA SACRÉ
CHAKRA RACINE

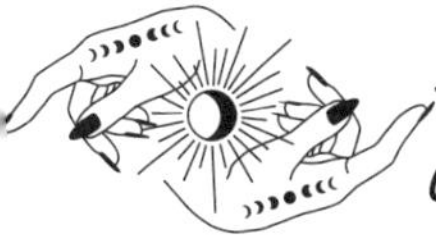

# La méditation à réaliser avant chaque rituel

**Cette méditation vous servira à amplifier le lien entre le Ciel et la Terre, c'est-à-dire la connexion entre le cosmos et vous.**

Choisissez un moment tranquille et un lieu calme. Diffusez de l'huile essentielle ou de l'hydrolat aromatique de verveine citronnelle, qui a la propriété d'activer et d'harmoniser les 7 chakras. À défaut, faites une infusion de verveine citronnelle que vous boirez lentement et en conscience.

Les chakras sont des roues d'énergie (ou vortex), invisibles pour nos sens « classiques », qui captent l'énergie universelle (prana, qi) afin de nourrir nos différents corps énergétiques. Chaque chakra détient des caractéristiques propres, à l'origine de liens qui ont été établis avec les signes et les planètes détenant les mêmes caractéristiques. En travaillant sur les 7 chakras grâce à cette méditation, on met en place une connexion consciente mais aussi subtile avec les planètes et constellations d'étoiles qui nous entourent.

1. Pour vous aider, vous pouvez diffuser une bande sonore de méditation dédiée à l'harmonisation des chakras. Lorsque vous visualiserez les planètes, imaginez aussi en toile de fond l'ensemble des constellations qui gouvernent les 12 signes du zodiaque.

2. Représentez-vous d'abord le chakra racine (au niveau du périnée), sa couleur rouge et son lien avec Saturne.

**3.** Après vient le chakra sacré (entre le nombril et le pubis), de couleur orange, lié à la Lune et à Pluton.

**4.** Le chakra du plexus solaire, de couleur jaune, arrive en 3e position, connecté au Soleil et à Mars.

**5.** Continuez avec le chakra du cœur, vert ou rose, connecté à Vénus. Vient ensuite le chakra de la gorge, bleu clair, lié à Mercure.

**6.** Poursuivez avec le chakra du 3e œil (entre les yeux), bleu foncé, en lien avec Jupiter et Neptune, puis avec le chakra coronal (au sommet de la tête), violet, connecté à Uranus.

**7.** Terminez cette méditation en visualisant l'ensemble des chakras connectés entre eux par l'énergie Kundalini. Il s'agit d'une énergie dite « cosmique » représentée par un serpent, qui est présente mais endormie dans notre chakra racine. Lorsque la Kundalini s'éveille pleinement, elle traverse tous les chakras jusqu'au sommet du crâne, nous connecte à l'Univers, et nous fait atteindre l'Éveil.

**Si vous réalisez plusieurs rituels d'affilée, ne faites qu'une seule fois cette méditation de préparation.**

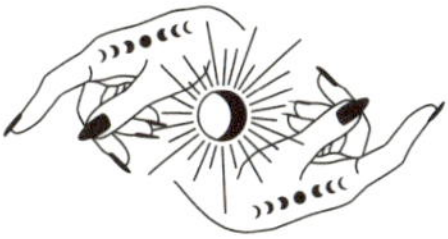

# Les rituels en lien avec les signes

**QUAND ET POURQUOI LES RÉALISER?**

**Dans un but de développement personnel :**

- Pour rééquilibrer les caractéristiques de son thème astral
- Pour travailler sur son incarnation, sa présence à soi, en lien avec le signe dans lequel est le Soleil au temps T
- Pour faire appel aux caractéristiques d'un signe

**Dans un but relationnel (couple, famille, amis, associés...) :** notamment pour harmoniser une relation conflictuelle. Dans ce cas, en plus de vos propres rituels, mettez aussi en œuvre, directement à la suite, les rituels correspondant au signe solaire ou au thème astral de l'autre personne.

- Soit vous ne connaissez que son signe astrologique en Soleil : mettez en œuvre votre signe en Soleil, puis son signe en Soleil. Par exemple : le rituel du Scorpion pour vous, puis le rituel du Poissons pour elle. Si, comme dans cet exemple, ce sont deux signes d'Eau, vous pouvez compléter par le rituel de l'élément Eau (voir p. 180 à 182).
- Soit vous connaissez ses date, heure et lieu de naissance : vous pouvez faire son thème astral. Une matrice à remplir se trouve à la fin de ce livre à cet effet. Voyez ensuite dans quel(s) signe(s) vos thèmes sont les plus chargés. Regardez aussi les ascendants et les descendants. Par exemple : vous notez qu'il y a 3 signes du Lion pour vous,

4 pour l'autre personne. Travaillez là-dessus en priorité. Complétez avec la ou les planètes concernées pour chacun de vous. Dans cet exemple, si vous avez tous deux un Lion en Mercure, vous ferez le rituel du Lion pour vous, après pour elle, et enfin le rituel de Mercure (voir p. 156-157).

Lorsque vous mettez en œuvre les rituels pour l'autre personne, modifiez les phrases pour qu'elles correspondent. Prenons l'exemple d'une personne que nous appellerons Camille et qui a dans son thème astral le signe Bélier (voir le rituel du Bélier p. 126-127) en Jupiter, Mercure et Pluton. Le texte devient : « *J'invoque la constellation du Bélier et de Jupiter, Mercure et Pluton pour rééquilibrer le courage de Camille, son indépendance, sa combativité et son impatience. Qu'il devienne un guerrier mesuré mais passionné, un leader intrépide mais non agressif.* »

## COMMENT LES RÉALISER?

Travailler sur votre signe solaire (votre signe du zodiaque), votre ascendant et votre signe lunaire, que l'on peut facilement déterminer sur divers sites, est déjà un bon début, mais le travail réalisé sera incomplet.

L'idéal est de faire établir votre thème astral (facilement faisable en ligne gratuitement). Ensuite, vous pourrez travailler sur les signes majoritaires de votre thème astral (voir p. 104 à 111), surtout si ces signes vous semblent prendre une place trop prépondérante (et donc problématique) dans votre vie par rapport aux autres. Vous travaillerez sur ces signes en particulier en les orientant vers la ou les planètes positionnées dans ces signes dans votre thème astral, pour harmoniser leur impact sur votre vie. Par exemple, vous avez 3 signes Sagittaire : en Soleil, Vénus et Pluton. Vous intégrerez (grâce à des cristaux) le Soleil, Vénus et Pluton dans le rituel du Sagittaire afin de le personnaliser.

## UTILISER LES MÉTAUX ET LES CRISTAUX POUR SYMBOLISER LES PLANÈTES

Chaque rituel dédié à un signe comporte un métal ou une première pierre, et éventuellement une deuxième pierre si besoin, qui permettra de totalement personnaliser les rituels par rapport à votre thème astral. Le tableau ci-dessous vous les précise, en fonction de l'astre qui a déterminé ce signe :

| Vous voulez travailler sur votre signe... | Utilisez ce métal ou cette 1re pierre dans le rituel du signe | Et/ou cette 2e pierre |
|---|---|---|
| Solaire | Or | Héliodore |
| Lunaire | Argent | Sélénite |
| Mercurien | Fluorite* | Péridot |
| Vénusien | Cuivre** | Rhodonite |
| Martien | Fer | Œil-de-tigre |
| Jupitérien | Étain | Lépidolite |
| Saturnien | Cornaline* | Aragonite |
| Uranien | Aventurine* | Hématite |
| Neptunien | Aigue-marine* | Apatite bleue |
| Plutonien | Kunzite* | Onyx noir |

** Les métaux originellement en lien avec ces planètes étant dangereux pour l'homme, ils ont été remplacés par des cristaux correspondants.*

*** Une pièce de centime d'euros par exemple.*

Par exemple, vous avez 3 signes du Gémeaux dans votre thème astral (Soleil, Lune, Vénus), mais aucun Taureau. Tout d'abord, vous n'allez pas travailler sur le signe du Taureau, puisqu'il n'apparaît pas dans votre thème astral et n'est donc pas « chargé » dans ce signe. Ensuite, vous avez 2 façons possibles de procéder :

- Si les caractéristiques du Gémeaux vous pèsent dans votre vie (par exemple, vous êtes fatigué de trop agir dans le domaine socio-relationnel et souhaitez vous ressourcer en vous-même), vous allez mettre en œuvre le rituel du Gémeaux en utilisant par exemple un héliodore (pour votre Gémeaux en Soleil), un bijou en argent (pour votre Gémeaux en Lune) et une rhodonite (pour votre Gémeaux en Vénus).

- Si vous souhaitez équilibrer l'impact de votre thème astral général dans votre vie, faites de même, mais complétez avec tous les rituels associés à l'ensemble des signes de votre thème astral.

# Le rituel du Bélier

## Bougie rouge au thym et au spinelle noir

Invoquer le signe et la constellation du Bélier permet d'harmoniser les caractéristiques de ce signe, quelle que soit la planète ou l'étoile qui le détermine.

**Pour le rituel du Bélier, il vous faut :**

- **1 bougie** simple, sur laquelle vous dessinerez ou graverez le symbole du Bélier, ou une bougie toute prête avec le symbole du Bélier
- **1 pistolet à chaleur** ou un briquet (facultatif)
- **1 spinelle noir plat**
- **1 petit bol de sel de mer** ou de sel rouge d'Hawaï
- **De l'HE de thym** à linalol ou à thujanol
- **Les métaux ou pierres** correspondant aux planètes associées au signe Bélier dans votre thème astral (voir p. 123-124) (facultatif)

**Avant de commencer, faites la méditation préalable détaillée p. 118 à 120. Portez au moins 1 vêtement rouge vif.**

1. Chauffez la bougie avec le pistolet à chaleur ou le briquet, puis hâtez-vous d'y poser le spinelle noir (si vous en avez un) pour qu'il adhère à la cire, du côté opposé à l'image du Bélier.

2. Prenez le bol de sel de mer ou de sel rouge d'Hawaï, ajoutez 10 gouttes d'huile essentielle de thym, mélangez, et enfoncez-y la bougie. Ce faisant, dites à voix haute :
   « *J'invoque la constellation du Bélier et [noms des planètes concernées par le signe Bélier dans votre thème astral] pour rééquilibrer mon courage, mon indépendance, ma combativité et mon impatience. Que je devienne un guerrier mesuré mais passionné, un leader intrépide mais non agressif.* »

3. Allumez la bougie et, tout en tenant les pierres et/ou les métaux correspondant aux planètes associées au signe Bélier dans vos mains, fixez la flamme en répétant l'incantation et en visualisant votre connexion avec la constellation du Bélier.

4. Puis terminez le rituel en disant :
   « *J'exprime toute ma gratitude envers la constellation du Bélier qui fait partie intégrante de mon thème astral. Merci de m'aider à harmoniser ton influence dans ma vie sociale et dans ma vie intérieure pour que je puisse devenir la meilleure version de moi-même.* »

**Si besoin, combinez ce rituel avec celui de Mars p. 160-161 et de l'élément Feu p. 174-175.**

# Le rituel du Taureau

## Posture de yoga aux odeurs et sons de la Terre

Invoquer le signe et la constellation du Taureau permet d'harmoniser les caractéristiques de ce signe, quelle que soit la planète ou l'étoile qui le détermine.

**Pour le rituel du Taureau, il vous faut :**

- **1 diffuseur-humidificateur d'HE**
- **De l'HE de vétiver** (ou autre HE d'odeur terreuse et boisée)
- **1 jade** (facultatif)
- **Les métaux ou pierres** correspondant aux planètes associées au signe Taureau dans votre thème astral (voir p. 123-124) (facultatif)
- **2 cristaux œil de fer** (facultatif)
- **Du thym** frais ou séché
- **2 longues bandes de tissu** de couleur verte, brune ou rouge foncé
- **1 tapis de yoga**

**Avant de commencer, faites la méditation préalable détaillée p. 118 à 120. Portez au moins 1 vêtement vert foncé. Choisissez une ambiance sonore de percussions douces. Si vous le pouvez, réalisez ce rituel en extérieur, directement sur la terre.**

1. Remplissez le réservoir de votre diffuseur avec de l'eau, mettez-y 10 gouttes d'huile essentielle de vétiver, puis posez le jade et les pierres et/ou les métaux correspondant aux planètes associées au signe Taureau. Cette huile essentielle fait appel à l'élément Terre lié au signe du Taureau par sa senteur terreuse et boisée.

2. Ce rituel vous invite à réaliser la posture de yoga dite « de la vache et du chat » (le Taureau étant une vache mâle). Posez un cristal œil de fer au-dessus de la malléole droite, un peu de thym, puis fixez le tout avec l'une des bandes de tissu. Faites de même avec la malléole gauche.

3. Dépliez votre tapis de yoga, et positionnez-vous dessus à quatre pattes. Vos bras doivent être écartés de la largeur de vos épaules, les genoux alignés avec vos hanches. Pour faire la posture de la vache, inspirez lentement en creusant le dos, étirez votre colonne vertébrale, votre cou et votre tête vers le plafond. Puis faites la posture du chat : arrondissez le dos en expirant longuement et posez votre menton sur votre poitrine. Sentez bien le contact de vos mains et de vos pieds avec la terre.

4. Ce faisant, dites à voix haute : *« J'invoque la constellation du Taureau et [noms des planètes concernées par le signe Taureau dans votre thème astral] pour harmoniser mon dynamisme, ma fermeté, ma ténacité et ma résistance au changement. Que je devienne moins obstiné et rancunier, plus patient et indulgent. »*

5. Refaites plusieurs fois l'enchaînement. Répétez l'incantation si vous en ressentez le besoin.

6. Puis terminez le rituel en disant : *« J'exprime toute ma gratitude envers la constellation du Taureau qui fait partie intégrante de mon thème astral. Merci de m'aider à harmoniser ton influence dans ma vie sociale et dans ma vie intérieure pour que je puisse devenir la meilleure version de moi-même. »*

**Si besoin, combinez ce rituel avec celui de Vénus p. 158-159 et de l'élément Terre p. 176-177.**

# Le rituel du Gémeaux

## Symboles du Gémeaux dynamisés aux vibrations sonores

Invoquer le signe et la constellation du Gémeaux permet d'harmoniser les caractéristiques de ce signe, quelle que soit la planète ou l'étoile qui le détermine.

**Pour le rituel du Gémeaux, il vous faut :**

- **Du papier aluminium**
- **1 bouquet de mélisse, verveine et/ou lavande**
- **De l'ambre** (facultatif)
- **Les métaux ou pierres** correspondant aux planètes associées au signe Gémeaux dans votre thème astral (voir p. 123-124) (facultatif)
- **1 bol tibétain,** 1 cloche ou 1 carillon Koshi « Air » ; à défaut, un verre et un couteau

**Avant de commencer, faites la méditation préalable détaillée p. X. Portez au moins 1 vêtement jaune.**

1. Coupez 4 feuilles de papier aluminium de forme carrée. Roulez chacune en rouleau serré, et utilisez ces rouleaux pour confectionner le symbole du Gémeau : ♊

2. Sur une surface plane, disposez les plantes pour réaliser un tapis végétal. Posez dessus votre symbole du Gémeaux en aluminium, puis l'ambre d'un côté du symbole, et de l'autre côté les pierres et/ou les métaux correspondant aux planètes associées au signe Gémeaux. Enfin, convoquez l'élément Air en lien avec le Gémeaux en portant votre outil musical au-dessus de votre arrangement magique, et en le faisant tinter ou chanter.

3. Ce faisant, dites à voix haute :
*« J'invoque la constellation du Gémeaux et [noms des planètes concernées par le signe Gémeaux dans votre thème astral] pour rééquilibrer la dualité, la communication, l'adaptabilité et l'agilité dans ma vie. Que je devienne plus cohérent, plus curieux et moins superficiel. »*

4. Faites à nouveau retentir votre instrument et visualisez l'onde vibratoire ainsi générée venir en vous harmoniser tous les signes Gémeaux de votre thème astral et entrer en résonance avec eux.

5. Puis terminez le rituel en disant :
*« J'exprime toute ma gratitude envers la constellation du Gémeaux qui fait partie intégrante de mon thème astral. Merci de m'aider à harmoniser ton influence dans ma vie sociale et dans ma vie intérieure pour que je puisse devenir la meilleure version de moi-même. »*

**Si besoin, combinez ce rituel avec celui de Mercure p. 156-157 et de l'élément Air p. 178-179.**

# Le rituel du Cancer

## Bouquet de dispersion d'eau lunaire

Invoquer le signe et la constellation du Cancer permet d'harmoniser les caractéristiques de ce signe, quelle que soit la planète ou l'étoile qui le détermine.

**Pour le rituel du Cancer, il vous faut :**

- **1 flacon d'eau**
- **1 chrysoprase**
- **Les métaux ou pierres** correspondant aux planètes associées au signe Cancer dans votre thème astral (voir p. 123-124)
- **1 verre**
- **1 bouquet d'eucalyptus**
- **Du fil ou 1 ruban** gris ou argenté
- **1 coquille Saint-Jacques vide** et propre (ou à défaut, tout autre coquillage, voire un dessin imprimé d'une coquille Saint-Jacques)

**Avant de commencer, faites la méditation préalable détaillée p. 118 à 120. Portez au moins 1 vêtement gris ou argenté.**

1. Identifiez la prochaine pleine lune. Durant la nuit, exposez aux rayons de la Lune votre flacon d'eau, dans lequel vous aurez mis la chrysoprase et les pierres et/ou les métaux correspondant aux planètes associées au signe Cancer. Le but est que l'eau soit à la fois dynamisée par les rayons lunaires et par les pierres et les métaux.

2. Le lendemain, sortez la pierre puis versez un peu d'eau lunaire dans le verre. Faites un bouquet avec l'eucalyptus, que vous lierez avec le ruban ou le fil. Posez ensuite la chrysoprase et les autres pierres et métaux dans la coquille Saint-Jacques (qui symbolise le signe du Cancer) et posez le tout devant vous.

3. Appliquez quelques gouttes d'eau lunaire sur votre chakra sacré, puis trempez l'extrémité du bouquet dans le verre. Secouez-le pour en disperser l'eau sur la coquille.

4. Ce faisant, dites à voix haute :
*« J'invoque la constellation du Cancer et [noms des planètes concernées par le signe Cancer dans votre thème astral] pour harmoniser la compassion, la loyauté, la féminité et la sécurité dans ma vie. Que je sois doux, sensible, dépendant et indépendant en justes proportions à chaque instant. »*

5. Recommencez plusieurs fois, jusqu'à ce que vous sentiez que le message est intégré au plus profond de vous-même.

6. Puis terminez le rituel en disant :
*« J'exprime toute ma gratitude envers la constellation du Cancer qui fait partie intégrante de mon thème astral. Merci de m'aider à harmoniser ton influence dans ma vie sociale et dans ma vie intérieure pour que je puisse devenir la meilleure version de moi-même. »*

**Si besoin, combinez ce rituel avec celui de la Lune p. 154-155 et de l'élément Eau p. 180-181.**

# Le rituel du Lion

## Dessin intuitif orange brûlé en conscience

Invoquer le signe et la constellation du Lion permet d'harmoniser les caractéristiques de ce signe, quelle que soit la planète ou l'étoile qui le détermine.

**Pour le rituel du Lion, il vous faut :**

- **1 flacon d'HE d'orange douce**
- **1 tourmaline rose** (facultatif)
- **1 feuille de papier orange** (ou à défaut une feuille d'une autre couleur)
- **Les métaux ou pierres** correspondant aux planètes associées au signe Lion dans votre thème astral (voir p. 123-124) (facultatif)
- **1 feutre noir et 1 feutre rouge**
- **1 récipient ignifuge**
- **1 briquet** ou 1 boîte d'allumettes

**Avant de commencer, faites la méditation préalable détaillée p. 118 à 120. Portez au moins 1 vêtement orange ou jaune-orange.**

**1.** Inspirez profondément l'huile essentielle d'orange douce au flacon. Posez quelques instants votre pierre sur votre chakra du plexus solaire. Posez la feuille devant vous, puis laissez l'inspiration venir à vous pour dessiner une œuvre intuitive.

**2.** Ce faisant, dites à voix haute :
*« J'invoque la constellation du Lion et [noms des planètes concernées par le signe Lion dans votre thème astral] pour harmoniser la performance, la popularité, la confiance et la fierté dans ma vie. Que je ne souffre plus de ne pas être le centre de l'attention. Que je sois courageux, chaleureux et charismatique de façon juste et équilibrée. »*

**3.** Quand vous avez terminé, observez votre dessin pour tenter de l'interpréter. Gardez-le le temps qu'il faudra en posant la tourmaline rose ainsi que les autres pierres et métaux dessus. Quand vous vous sentirez prêt (immédiatement, plusieurs heures ou jours après), posez la feuille dans le récipient ignifuge, versez quelques gouttes d'huile essentielle d'orange dessus, puis brûlez-la. En l'observant, répétez l'incantation.

**4.** Puis terminez le rituel en disant :
*« J'exprime toute ma gratitude envers la constellation du Lion qui fait partie intégrante de mon thème astral. Merci de m'aider à harmoniser ton influence dans ma vie sociale et dans ma vie intérieure pour que je puisse devenir la meilleure version de moi-même. »*

**Si besoin, combinez ce rituel avec celui de la Lune p. 154-155 et de l'élément Eau p. 180-181.**

# Le rituel de la Vierge

## Pot-pourri et agate mousse

Invoquer le signe et la constellation de la Vierge permet d'harmoniser les caractéristiques de ce signe, quelle que soit la planète ou l'étoile qui le détermine.

**Pour le rituel de la Vierge, il vous faut :**

- **1 joli récipient** ou saladier en bois
- **De la terre**
- **De la mousse végétale** récoltée dans la nature
- **De la menthe poivrée** et/ou du romarin
- **Des fleurs de saison**
- **1 agate mousse** (facultatif)
- **Les métaux ou pierres** correspondant aux planètes associées au signe Vierge dans votre thème astral (voir p. 123-124) (facultatif)
- **1 feutre indélébile noir**
- **1 caillou plat**
- **Du macérat glycériné de vigne vierge** (gemmothérapie) ou des feuilles de vigne ou de vigne vierge

**Avant de commencer, faites la méditation préalable détaillée p. 118 à 120. Portez au moins 1 vêtement brun.**

1. Dans votre récipient, disposez de la terre, puis tapissez avec la mousse. Ajoutez ensuite la menthe et le romarin. Disposez joliment les fleurs. Posez l'agate mousse et les autres pierres, ou les autres métaux, sur votre chakra de la gorge les unes après les autres, puis posez-les sur le reste des ingrédients dans le récipient.

2. Dessinez le symbole de la Vierge ♍ sur le caillou plat et placez-le au centre. Enfin, terminez la préparation en laissant tomber quelques gouttes de macérat de vigne vierge sur l'ensemble du pot-pourri.

3. Ce faisant, dites à voix haute :
*« J'invoque la constellation de la Vierge et [noms des planètes concernées par le signe Vierge dans votre thème astral] pour équilibrer le réalisme, le pragmatisme, le perfectionnisme, les responsabilités, la logique et la modestie dans ma vie. Que je sois humble, serviable et critique en justes proportions. »*

4. Prenez le récipient dans vos mains et portez-le à votre nez. Respirez lentement et profondément son odeur, tout en visualisant son énergie du signe de la Vierge vous imprégner. Faites cela plusieurs fois, jusqu'à bien sentir son effet sur vous. Posez votre pot-pourri dans un endroit où vous passez beaucoup de temps (bureau, salon, chambre...).

5. Puis terminez le rituel en disant :
*« J'exprime toute ma gratitude envers la constellation de la Vierge qui fait partie intégrante de mon thème astral. Merci de m'aider à harmoniser ton influence dans ma vie sociale et dans ma vie intérieure pour que je puisse devenir la meilleure version de moi-même ».*

**Si besoin, combinez ce rituel avec celui de Mercure p. 156-157 et de l'élément Terre p. 176-177.**

# Le rituel de la Balance

## Bol d'épices à souffler pour l'équilibre du Yin et du Yang

Invoquer le signe et la constellation de la Balance permet d'harmoniser les caractéristiques de ce signe, quelle que soit la planète ou l'étoile qui le détermine.

**Pour le rituel de la Balance, il vous faut :**

- **1 cuil. à café de cannelle** en poudre et/ou 1 cuil. à café de clous de girofle en poudre
- **1 cuil. à café de cardamome** et/ou de coriandre en poudre
- **1 récipient rose**
- **Le symbole du yin-yang** représenté (imprimé par exemple) ou sculpté (papier, carton, pierre, bois, métal, verre, bijou…)
- **Des pétales ou boutons de rose**
- **1 amétrine**
- **Les métaux ou pierres** correspondant aux planètes associées au signe Balance dans votre thème astral (voir p. 123-124) (facultatif)
- **1 miroir**

**Avant de commencer, faites la méditation préalable détaillée p. 118 à 120. Portez au moins 1 vêtement rose.**

1. Mélangez les poudres d'épices. Dans le fond de votre récipient rose, posez le symbole du yin-yang (représentant l'équilibre qui caractérise le signe de la Balance), puis mettez votre mélange d'épices dedans, et enfin les pétales ou boutons de rose par-dessus.

2. Prenez l'amétrine et les autres pierres et métaux dans l'une de vos mains, fermez celle-ci et posez-la sur votre chakra du cœur. Visualisez son aura augmenter le champ vibratoire de votre cœur, physiquement et énergétiquement. Prenez le récipient d'épices dans l'autre main et placez-vous à 1 mètre de votre miroir. Soufflez sur le contenu du récipient en direction de votre reflet dans le miroir.

3. Dites à voix haute :
   *« J'invoque la constellation de la Balance et [noms des planètes concernées par le signe Balance dans votre thème astral] pour équilibrer mes relations aux autres, l'indécision et la diplomatie dans la vie. Que je sois plus facile à vivre, pacifique, amical, moins crédule. »*

4. Soufflez à nouveau, et répétez l'incantation.

5. Puis terminez le rituel en disant :
   *« J'exprime toute ma gratitude envers la constellation de la Balance qui fait partie intégrante de mon thème astral. Merci de m'aider à harmoniser ton influence dans ma vie sociale et dans ma vie intérieure pour que je puisse devenir la meilleure version de moi-même. »*

**Si besoin, combinez ce rituel avec celui de Vénus p. 158-159 et de l'élément Air p. 178-179.**

# Le rituel du Scorpion

## Bain rituel noir au géranium rosat

Invoquer le signe et la constellation du Scorpion permet d'harmoniser les caractéristiques de ce signe, quelle que soit la planète ou l'étoile qui le détermine.

**Pour le rituel du Scorpion, il vous faut :**

- **1 petit bol de sel de mer** ou de sel noir d'Hawaï
- **De l'HE de géranium rosat**
- **Une baignoire**
- **1 sugilite** ou 1 charoïte
- **Les métaux ou pierres** correspondant aux planètes associées au signe Scorpion dans votre thème astral (voir p. 123-124) (facultatif)
- **Des bougies noires** (ou à défaut, blanches)
- **1 stick de maquillage noir**

**Avant de commencer, faites la méditation préalable détaillée p. 118 à 120.**

1. Prenez le bol de sel de mer ou de sel noir d'Hawaï et ajoutez 10 gouttes d'huile essentielle de géranium rosat. Disposez ce sel noir aromatique au fond de la baignoire, puis posez toutes les pierres et métaux au bout de la baignoire, côté pieds.

2. Faites couler le bain, et pendant ce temps, allumez les bougies, que vous disposerez tout autour de la baignoire.

3. Avec le stick de maquillage, dessinez une croix sur votre visage (une ligne du front au menton, une autre d'une oreille à l'autre). Ce faisant, dites à voix haute :
*« J'invoque la constellation du Scorpion et [noms des planètes concernées par le signe Scorpion dans votre thème astral] pour harmoniser ma motivation, ma détermination et mon audace. Que la transformation, la puissance, la passion et la vivacité soient présentes en justes proportions dans ma vie. »*

4. Entrez dans votre bain. Visualisez l'énergie du Scorpion et de la pierre dynamiser votre chakra sacré (situé entre le pubis et le nombril), en répétant l'incantation.

5. Puis terminez le rituel en disant :
*« J'exprime toute ma gratitude envers la constellation du Scorpion qui fait partie intégrante de mon thème astral. Merci de m'aider à harmoniser ton influence dans ma vie sociale et dans ma vie intérieure pour que je puisse devenir la meilleure version de moi-même. »*

**Si besoin, combinez ce rituel avec celui de Pluton p. 170-171 et de l'élément Eau p. 180-181.**

# Le rituel du Sagittaire

## Lait corporel au tournesol et au pissenlit

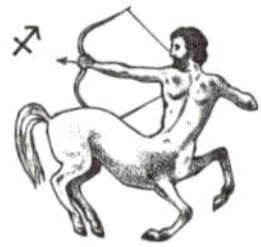

Invoquer le signe et la constellation du Sagittaire permet d'harmoniser les caractéristiques de ce signe, quelle que soit la planète ou l'étoile qui le détermine.

**Pour le rituel du Sagittaire, il vous faut :**

- **1 flacon pour cosmétiques** d'une contenance de 200 ml
- **Les métaux ou pierres** correspondant aux planètes associées au signe Sagittaire dans votre thème astral (voir p. 123-124) (facultatif)
- **Des pétales et des graines de tournesol**
- **Des pétales ou des racines de pissenlit** nettoyées et coupées
- **1 bouteille de lait corporel neutre**
- **1 feutre indélébile violet** ou doré
- **1 petite malachite** (facultatif)

**Avant de commencer, faites la méditation préalable détaillée p. 118 à 120. Portez au moins 1 vêtement violet.**

**1.** Dans votre flacon, déposez toutes les pierres et métaux, sauf la malachite. Ajoutez ensuite le tournesol, le pissenlit. Complétez avec le lait corporel, fermez le flacon et mélangez bien. Avec votre feutre, dessinez sur le flacon le symbole du Sagittaire.

**2.** Ce faisant, dites à voix haute :
*« J'invoque la constellation du Sagittaire et [noms des planètes concernées par le signe Sagittaire dans votre thème astral] pour harmoniser l'aventure, l'ouverture d'esprit et la recherche de vérité dans ma vie. Que l'expansion soit présente sans excès, tout comme le respect et la polyvalence. Que l'agitation, la hâte et la paresse soient équilibrées au plus juste. »*

**3.** Retirez vos vêtements (restez en sous-vêtements). Mettez un peu de lait corporel au creux de votre main, ainsi que la malachite, puis posez le tout sur votre chakra du plexus solaire. Visualisez votre chakra se connecter à la constellation du Sagittaire et le lait corporel ainsi que la pierre être harmonisés par elle. Ensuite, tout en gardant la malachite au creux de votre paume, faites des cercles de plus en plus larges autour du plexus solaire pour appliquer le lait corporel. Continuez alors avec le ventre, les bras, et les jambes.

**4.** Terminez le rituel en disant :
*« J'exprime toute ma gratitude envers la constellation du Sagittaire qui fait partie intégrante de mon thème astral. Merci de m'aider à harmoniser ton influence dans ma vie sociale et dans ma vie intérieure pour que je puisse devenir la meilleure version de moi-même. »*

**Si besoin, combinez ce rituel avec celui de Jupiter p. 162-163 et de l'élément Feu p. 174-175.**

# Le rituel du Capricorne

## Sculpture intuitive aux pensées et au patchouli

Invoquer le signe et la constellation du Capricorne permet d'harmoniser les caractéristiques de ce signe, quelle que soit la planète ou l'étoile qui le détermine.

**Pour le rituel du Capricorne, il vous faut :**

- **1 dessin imprimé du symbole du Capricorne**
- **1 carré de carton**
- **1 paquet d'argile** autodurcissante pour poterie
- **De l'eau**
- **Des pensées séchées** (facultatif)
- **De l'HE de patchouli**
- **1 petit cristal de roche** (facultatif)
- **Les métaux ou pierres** correspondant aux planètes associées au signe Capricorne dans votre thème astral (voir p. 123-124) (facultatif)

**Avant de commencer, faites la méditation préalable détaillée p. 118 à 120. Portez au moins 1 vêtement gris.**

1. Posez le dessin du Capricorne sur le carton. Prélevez une belle quantité d'argile. Mettez-la sur le carton, puis étalez-la avec vos mains comme une pâte à tarte. Dispersez les fleurs et 4 à 5 gouttes d'huile essentielle de patchouli un peu partout sur l'argile. Déposez au centre le cristal de roche et les autres pierres et métaux. Rassemblez les bords de la plaque d'argile au centre. Concentrez votre attention sur votre chakra racine (au niveau de votre périnée).

2. Dites à voix haute :
*« J'invoque la constellation du Capricorne et [noms des planètes concernées par le signe Capricorne dans votre thème astral] pour m'inspirer de façon harmonieuse la patience, la discipline, le contrôle, la stabilité et la détermination. Que je sois de manière juste et équilibrée : sûr et maître de moi, ambitieux et responsable. »*

3. Laissez-vous inspirer par le symbole du Capricorne disposé sous le bloc d'argile pour modeler une sculpture intuitive, yeux fermés. Respirez longuement l'odeur de l'huile essentielle de patchouli et laissez-vous envahir par son énergie liée au Capricorne.

4. Ensuite, laissez sécher votre œuvre, et exposez-la dans votre domicile. Vous pouvez éventuellement la peindre.

5. Puis terminez le rituel en disant :
*« J'exprime toute ma gratitude envers la constellation du Capricorne qui fait partie intégrante de mon thème astral. Merci de m'aider à harmoniser ton influence dans ma vie sociale et dans ma vie intérieure pour que je puisse devenir la meilleure version de moi-même. »*

**Si besoin, combinez ce rituel avec celui de Saturne p. 164-165 et de l'élément Terre p. 176-177.**

# Le rituel du Verseau

## Danse de l'air avec la sauge et l'angélite

Invoquer le signe et la constellation du Verseau permet d'harmoniser les caractéristiques de ce signe, quelle que soit la planète ou l'étoile qui le détermine.

**Pour le rituel du Verseau, il vous faut :**

- **1 pelote de laine bleue**
- **De l'HE d'encens oliban**
- **Du lait d'amande**
- **1/2 cuil. à café de graines d'anis vert**
- **1 bouquet de sauge** fraîche et odorante
- **1 angélite** (facultatif)
- **Les métaux ou pierres** correspondant aux planètes du signe Verseau dans votre thème astral (voir p. 123-124) (facultatif)

**Avant de commencer, faites la méditation préalable détaillée p. 118 à 120. Portez au moins 1 vêtement bleu.**

**1.** Commencez par prendre plusieurs brins de laine, d'une longueur de 1 mètre environ chacun. Nouez tous les brins ensemble, et tressez-les de la manière qui vous convient. Vous avez confectionné un bandeau que vous nouerez autour de votre tête. Versez 2 à 3 gouttes d'huile essentielle d'encens dessus.

**2.** Puis faites frémir une tasse de lait d'amande. Faites-y infuser à couvert 1/2 cuillère à café de graines d'anis vert pendant 10 à 15 minutes. Versez le breuvage dans une tasse, tout en visualisant la connexion entre vous et la constellation du Verseau (reproduisant ainsi l'acte de verser, qui caractérise le signe du Verseau). Buvez gorgée par gorgée, en vous laissant imprégner de l'énergie du Verseau.

**3.** Dites à voix haute :
*« J'invoque la constellation du Verseau et [noms des planètes concernées par le signe Verseau dans votre thème astral] pour m'aider dans ma progression, dans un juste anticonformisme et un détachement émotionnel équilibré. Que je sois harmonieusement impliqué dans mes relations amicales. Que je vive sereinement mon excentricité. »*

**4.** Ensuite, mettez en fond sonore un concert de bols tibétains et gongs (pour travailler sur le chakra coronal), prenez l'angélite ainsi que les autres pierres et métaux dans une main, le bouquet de sauge fraîche dans l'autre, et laissez-vous aller à une danse intuitive.

**5.** Puis terminez le rituel en disant :
*« J'exprime toute ma gratitude envers la constellation du Verseau qui fait partie intégrante de mon thème astral. Merci de m'aider à harmoniser ton influence dans ma vie sociale et dans ma vie intérieure pour que je puisse devenir la meilleure version de moi-même. »*

**Si besoin, combinez ce rituel avec celui d'Uranus p. 166-167 et de l'élément Air p. 178-179.**

# Le rituel du Poissons

## Savon mystique aux fleurs des Poissons et larimar

Invoquer le signe et la constellation des Poissons permet d'harmoniser les caractéristiques de ce signe, quelle que soit la planète ou l'étoile qui le détermine.

**Pour le rituel du Poissons, il vous faut :**

- **1 moule en silicone pour savon**
- **1 larimar** (facultatif)
- **Des fleurs ou pétales de gardénia**
- **1 bain-marie en inox**
- **1 verre de base de savon** non parfumé *Melt and Pour*
- **De l'absolue de jasmin**
- **Du macérat** ou de l'extrait de racine d'iris
- **Les métaux ou pierres** correspondant aux planètes du signe Poissons dans votre thème astral (voir p. 106 et 123) (facultatif)

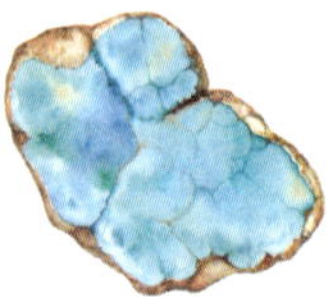

**Avant de commencer, faites la méditation préalable détaillée p. 118 à 120. Portez au moins 1 vêtement vert clair.**

1. Disposez dans le moule en silicone le larimar, ainsi que les pétales ou fleurs de gardénia. Dans votre bain-marie en inox placé dans une casserole d'eau mise à chauffer, faites fondre 4 à 6 cuillères à soupe de base de savon. Une fois qu'elles ont fondu, ajoutez hors feu quelques gouttes d'absolue de jasmin et 1 cuillère à café de macérat d'iris. Mélangez rapidement et versez dans le moule sans attendre.

2. Dites à voix haute :
*« J'invoque la constellation du Poissons et [noms des planètes concernées par le signe Poissons dans votre thème astral] pour apporter la compassion, l'honnêteté, l'évasion, le rêve et l'introspection dans ma vie. Que mon psychisme, ma créativité, ma sensibilité et ma spiritualité soient équilibrés et harmonisés. »*

3. Attendez quelques heures que le savon sèche avant de le démouler. Il sera à utiliser rapidement. Dans votre bain ou votre douche (car l'élément en lien avec les Poissons est l'Eau), utilisez ce savon pour vous laver. Passez-le sur tout votre corps, en visualisant qu'il vous confère une aura vert clair énergisée par la constellation des Poissons depuis le cosmos.

4. Puis terminez le rituel en disant : « J'exprime toute ma gratitude envers la constellation du Poissons qui fait partie intégrante de mon thème astral. Merci de m'aider à harmoniser ton influence dans ma vie sociale et dans ma vie intérieure pour que je puisse devenir la meilleure version de moi-même. »

**Si besoin, combinez ce rituel avec celui de Neptune p. 168-169 et de l'élément Eau p. 180-181.**

# Les rituels en lien avec les planètes

**LES RITUELS DÉDIÉS AUX PLANÈTES PERMETTENT :**

- De travailler sur un aspect de votre vie ou de votre personnalité en fonction des caractéristiques de chaque planète. Par exemple, si vous voulez équilibrer votre état émotionnel et travailler sur votre intuition, vous pourriez réaliser le rituel de la Lune.

- D'équilibrer la dominante de votre portrait astrologique (votre « type ») si vous en ressentez le besoin. Par exemple, si vous êtes de type uranien (original et ayant besoin de liberté), vous pouvez travailler sur la planète Uranus. Si vous êtes de type jupitérien (généreux et bienveillant), travaillez sur la planète Jupiter.

- De davantage harmoniser l'influence d'une planète précise de votre thème astral à la suite du rituel dédié à un signe en particulier. Par exemple, si vous avez mis en œuvre le rituel du Bélier en Mars, vous pourriez ajouter le rituel de Mars pour en amplifier les effets.

| *Vous voulez travailler sur...* | *Vous utiliserez cette pierre sous forme sphérique* dans le rituel de la planète* |
|---|---|
| Le Soleil | Pierre de soleil |
| La Lune | Pierre de lune |
| Mercure | Agate bleue |
| Vénus | Quartz rose |
| Mars | Jaspe rouge |
| Jupiter | Citrine |
| Saturne | Howlite |
| Uranus | Labradorite |
| Neptune | Améthyste |
| Pluton | Obsidienne noire |

* La forme sphérique est importante pour symboliser une planète en miniature. Si toutefois vous n'en trouvez pas, utilisez la pierre sous une autre forme (brute, roulée, pointe...).

## POURQUOI FAIRE APPEL AUX CARACTÉRISTIQUES D'UNE PLANÈTE?

- Soit pour vous : si l'influence d'une planète vous semble excessive ou insuffisante. Par exemple, si vous êtes trop rigide dans votre mental et vos habitudes, travaillez sur Saturne.

- Soit par rapport à votre relation avec quelqu'un : pour équilibrer certains aspects d'une relation, en lien avec les caractéristiques des planètes. Par exemple, si votre relation est trop fondée sur la colère, travaillez sur Mars. Si elle est emplie de beaucoup d'émotions difficiles à gérer, travaillez sur la Lune. Si vous éprouvez un sentiment d'injustice, travaillez sur Jupiter.

# Le rituel du Soleil

## Encens de rayonnance aux fleurs du Soleil

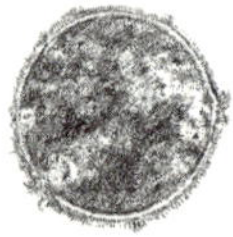

Convoquer le Soleil permet d'équilibrer son influence dans nos vies intérieure et extérieure et de travailler sur ses qualités propres et son symbolisme.

**Pour le rituel du Soleil, il vous faut :**

- **Des fleurs de primevère,** de tournesol ou de centaurée
- **Des clous de girofle**
- **1 pierre de soleil sphérique** (ou à défaut de n'importe quelle forme)
- **1 bougie orange ou jaune** (ou à défaut blanche)
- **1 pince à charbon**
- **1 charbon ardent**
- **1 brûleur à encens en fonte**

**Avant de commencer, faites la méditation préalable détaillée p. 118 à 120. Portez au moins 1 vêtement rouge vif, rouge-orange ou jaune-orange. Privilégiez un dimanche, jour du Soleil, pour réaliser ce rituel.**

1. Mélangez les fleurs, les clous de girofle et la pierre de soleil. Ce faisant, dites à voix haute :
*« Je te convoque, ô Soleil, que ta lumière, ta conscience, ton énergie de création et ta figure paternelle harmonisent ma vie. Que tes symboles d'endurance, de vitalité, de confiance, de fierté et d'accomplissement personnel me permettent de me transcender. Que ta puissance soutienne mon cœur et mon plexus solaire. Que cet encens aux fleurs du soleil fasse rayonner qui je suis de façon juste, pour moi-même et pour les autres. Que cette invocation prenne effet ici et maintenant pour un temps indéterminé. »*

2. Allumez la bougie et regardez-la un instant en vous concentrant sur la danse de la flamme et le bien-être que vous apporte sa chaleur. Ensuite, à l'aide de la pince, prenez un charbon et placez-le dans la flamme jusqu'à ce qu'il prenne. Posez-le sur votre brûleur à encens et attendez qu'il se consume au moins de moitié, en répétant l'incantation.

3. Puis retirez la pierre de soleil du mélange de plantes et déposez quelques pincées de ce dernier sur le charbon. Laissez-les brûler en regardant la fumée s'en échapper, tout en répétant l'incantation une 3e fois.

4. Poursuivez le rituel par cette phrase :
*« Je nous remercie : toi, ô Soleil, pour la rayonnance que tu m'aides à atteindre, tout l'Univers, pour cette expérience terrestre que je vis ici et maintenant, et moi-même, pour permettre l'influence juste et bienfaisante du Soleil dans ma vie et pour mes corps physique, mental, émotionnel et spirituel. »*

5. Enfin, ouvrez les portes et fenêtres pour aérer.

**Si besoin, combinez ce rituel avec celui du Feu p. 174-175.**

# Le rituel de la Lune

## Eau lunaire d'intuition et d'introspection à l'ylang-ylang

Convoquer la Lune permet d'équilibrer son influence dans nos vies intérieure et extérieure et de travailler sur ses qualités propres et son symbolisme.

**Pour le rituel de la Lune, il vous faut :**

- **Des pétales de coquelicot frais ou séchés,** des fleurs séchées de jasmin ou des pétales séchés de magnolia
- **1 pierre de lune sphérique** (ou à défaut de n'importe quelle forme)
- **1 flacon blanc avec un goulot large**
- **De l'hydrolat d'ylang-ylang**
- **1 masque facial réutilisable** ou 1 compresse dépliée
- **2 pierres de lune plates** (facultatif)

**Avant de commencer, faites la méditation préalable détaillée p. 118 à 120. Portez des vêtements blancs ou argentés. Réalisez ce rituel le plus près possible de la prochaine Pleine Lune (maximum 2 jours avant).**

1. Mettez les fleurs et la pierre de lune sphérique dans un flacon blanc au goulot suffisamment large, puis versez l'hydrolat (composé d'eau, l'élément lié à la Lune) par-dessus.

2. Ce faisant, dites à voix haute :
*« Je te convoque, ô Lune, que ta sensibilité, ta réceptivité, ton énergie féminine et ton intuition harmonisent ma vie. Que tes symboles d'instinct, de rêve, de désir d'intimité et d'inconscient me permettent de remplir mes besoins de sécurité primaire. Que ta puissance soutienne mon cœur et ma matrice. Que cette eau lunaire me donne la possibilité d'exprimer mes émotions et ma sensibilité et d'accéder à mon intimité et à mon inconscient. Que cette invocation prenne effet ici et maintenant pour un temps indéterminé. »*

3. Jusqu'à la pleine lune suivante, conservez au réfrigérateur. À la pleine lune, mettez votre flacon dehors pour qu'il puisse être dynamisé par l'énergie des rayons lunaires. Le lendemain, filtrez pour retirer les fleurs (afin d'éviter le moisissement), puis gardez l'eau avec la pierre de lune au réfrigérateur.

4. Le lundi suivant (jour de la Lune), mettez des sons nocturnes en fond sonore. Imbibez un masque facial réutilisable en tissu ou une compresse dépliée avec votre eau lunaire tiédie, tout en répétant l'incantation. Ensuite, couchez-vous dans un lieu calme, appliquez le masque sur votre visage et les pierres de lune plates sur vos yeux, et écoutez l'ambiance sonore en visualisant la Lune vous envelopper de ses rayons. Quand vous sentez que c'est suffisant, retirez le tout.

5. Puis terminez le rituel par cette phrase :
*« Je nous remercie : toi, ô Lune, pour l'intuition et l'introspection que tu permets, tout l'Univers, pour cette expérience terrestre que je vis ici et maintenant, et moi-même, pour permettre l'influence juste et bienfaisante de la Lune dans ma vie et pour mes corps physique, mental, émotionnel et spirituel. »*



**Si besoin, combinez ce rituel avec celui de l'Eau p. 180-181.**

# Le rituel de Mercure

## Bol de verdure aux huiles essentielles aériennes pour la communication

Convoquer Mercure permet d'équilibrer son influence dans nos vies intérieure et extérieure et de travailler sur ses qualités propres et son symbolisme.

**Pour le rituel de Mercure, il vous faut :**

- **De la mousse** et/ou des fougères
- **1 bol large** de couleur bleue, grise ou jaune
- **Des feuilles de noisetier, de tilleul** et/ou de sureau
- **De l'HE de bergamote** et/ou de romarin à cinéole
- **1 agate bleue sphérique**

**Avant de commencer, faites la méditation préalable détaillée p. 118 à 120. Portez au moins 1 vêtement bleu ou gris. Idéalement, réalisez ce rituel un mercredi, jour de Mercure.**

1. Mettez la mousse et/ou les fougères dans le fond du bol. Recouvrez avec les feuilles.

2. Faites tomber plusieurs gouttes d'huile essentielle par-dessus, en disant à voix haute :
*« Je te convoque, ô Mercure, que tes capacités de communication, ta vivacité et ton agilité harmonisent ma vie. Que tes symboles d'apprentissage, de réflexion, de verbalisation me permettent d'intégrer les informations sensorielles, d'engranger des connaissances et d'envisager des voyages. Que ta puissance soutienne ma gorge et ma parole. Que ce bol aromatique me donne la possibilité d'équilibrer mon langage, ma raison et d'accepter ma dualité. Que cette invocation prenne effet ici et maintenant pour un temps indéterminé. »*

3. Portant ce bol, faites le tour de votre habitation, y compris de votre jardin ou de votre balcon, en répétant l'incantation. Entre chaque phrase, faites une séquence respiratoire (en marchant ou non) avec une inspiration sur 3 temps, une pause respiratoire sur 4 ou 5 temps, puis une expiration sur 3 temps. Posez ensuite le bol tel quel sur votre autel, une commode ou un bahut, bien visible, le temps nécessaire.

4. Puis terminez le rituel par cette phrase :
*« Je nous remercie : toi, ô Mercure, pour soutenir mes capacités de communication juste et mesurée, tout l'Univers, pour cette expérience terrestre que je vis ici et maintenant, et moi-même, pour permettre l'influence juste et bienfaisante de Mercure dans ma vie et pour mes corps physique, mental, émotionnel et spirituel. »*

**Si besoin, combinez ce rituel avec celui de l'Air p. 178-179.**

# Le rituel de Vénus

## Huile d'amour aux senteurs de rose et vanille

Convoquer Vénus permet d'équilibrer son influence dans nos vies intérieure et extérieure et de travailler sur ses qualités propres et son symbolisme.

**Pour le rituel de Vénus, il vous faut :**

- **1 jolie bouteille en verre,** rose si possible
- **1 gousse de vanille**
- **1 quartz rose sphérique** (il devra rentrer par le goulot de la bouteille)
- **De l'HE de rose de Damas** et/ou de géranium rosat
- **De l'huile de rose musquée**
- **Des bougies roses ou rouges** (ou à défaut, blanches)
- **Des pétales de pivoine** séchés (facultatif)
- **Des pétales de rose** frais ou séchés (facultatif)

**Avant de commencer, faites la méditation préalable détaillée p. 118 à 120. Portez au moins 1 vêtement rose ou rouge. Idéalement, réalisez ce rituel un vendredi, jour de Vénus.**

**1.** Mettez dans votre flacon les pétales, la gousse de vanille fendue et le quartz rose. Ajoutez 10 gouttes d'huile essentielle puis versez l'huile de rose musquée par-dessus.

**2.** Ce faisant, dites à voix haute :
*« Je te convoque, ô Vénus, que ta sociabilité, ta sensualité et ta féminité harmonisent ma vie. Je suis aimé. Que tes symboles de grâce, de compromis et d'attraction me permettent de trouver un équilibre dans mes amours romantiques, amicales et filiales [adaptez à votre situation] et la paix dans mes relations. Que ta puissance soutienne et ouvre mon chakra du cœur. Que cette huile au parfum de rose me permette de retrouver l'harmonie, le plaisir, le charme et la diplomatie. Que cette invocation prenne effet ici et maintenant pour un temps indéterminé. »*

**3.** Fermez le flacon et secouez-le bien. Après votre bain ou votre douche, allumez les bougies dans votre salle de bain. Faites tomber des pétales un peu partout (sol, baignoire, lavabo...). Enduisez-vous le corps de cette huile précieuse, tout en répétant l'incantation.

**4.** Puis terminez le rituel par cette phrase :
*« Je nous remercie : toi, ô Vénus, pour m'aider à ressentir, vivre et vibrer l'Amour, tout l'Univers, pour cette expérience terrestre que je vis ici et maintenant, et moi-même, pour permettre l'influence juste et bienfaisante de Vénus dans ma vie et pour mes corps physique, mental, émotionnel et spirituel. »*

**Si besoin, combinez ce rituel avec celui de la Terre p. 176-177.**

# Le rituel de Mars

## Infusion gingembre-poivre pour la force et l'action

Convoquer Mars permet d'équilibrer son influence dans nos vies intérieure et extérieure et de travailler sur ses qualités propres et son symbolisme.

**Pour le rituel de Mars, il vous faut :**

- **1 bougie rouge** (ou à défaut, blanche)
- **De l'eau**
- **1 morceau de gingembre** frais de 1 cm de largeur
- **Quelques tours de moulin de poivre** noir ou rose
- **Quelques feuilles de menthe** fraîche ou sèche : poivrée, verte ou autre
- **1 petit jaspe rouge sphérique**
- **1 tasse,** rouge si possible
- **Des glands, des feuilles ou de l'écorce de chêne** (facultatif)

**Avant de démarrer, faites la méditation préalable détaillée p. 118 à 120. Portez au moins 1 vêtement rouge. Idéalement, réalisez ce rituel un mardi, jour de Mars.**

**1.** Allumez la bougie rouge et gardez sa flamme en ligne de mire tout au long du rituel. Faites frémir 250 millilitres d'eau, puis faites infuser à couvert le gingembre frais coupé en morceaux, le poivre et la menthe, pendant 10 minutes. Pendant le temps d'infusion, dites à voix haute :
*« Je te convoque, ô Mars, que ton affirmation de soi et ton instinct de survie harmonisent ma vie. Que tes symboles d'action, de dynamisme et de volonté me permettent de trouver un équilibre dans mes accès d'impulsivité, et de retrouver une juste passion et une énergie physique adéquate. Que ta puissance soutienne et ouvre mon chakra du plexus solaire. Que cette infusion poivrée et gingembrée me donne la possibilité de mesurer ma force et mon autorité, et de bénéficier à juste dose de témérité et de courage dans ma vie. Que cette invocation prenne effet ici et maintenant pour un temps indéterminé. »*

**2.** Ensuite, continuez à observer la flamme tout en visualisant Mars et son influence sur vous. Versez l'infusion dans la tasse à travers une passoire pour la filtrer.

**3.** Tenez dans l'une de vos mains les glands et les feuilles de chêne (si vous en avez), ou le jaspe rouge. De l'autre main, buvez l'infusion par petites gorgées, tout en visualisant le feu de Mars se répandre en vous pour rééquilibrer l'élément Feu à l'intérieur de votre corps. Répétez l'incantation en reprenant une gorgée entre chaque phrase.

**4.** Puis terminez le rituel par cette phrase :
*« Je nous remercie : toi, ô Mars, pour soutenir mon dynamisme tout en tempérant mon impulsivité, tout l'Univers, pour cette expérience terrestre que je vis ici et maintenant, et moi-même, pour permettre l'influence juste et bienfaisante de Mars dans ma vie et pour mes corps physique, mental, émotionnel et spirituel. »*

**Si besoin, combinez ce rituel avec celui du Feu p. 174-175.**

# Le rituel de Jupiter

## Spray d'abondance à la myrrhe et au bouleau

Convoquer Jupiter permet d'équilibrer son influence dans nos vies intérieure et extérieure et de travailler sur ses qualités propres et son symbolisme.

**Pour le rituel de Jupiter, il vous faut :**

- **Des fleurs de pissenlit** ou de reine-des-prés
- **1 flacon spray** vide, d'une contenance de 100 ml
- **1 petite citrine sphérique** (ou, à défaut, de n'importe quelle forme) passant à travers le goulot du flacon
- **Du macérat glycériné de bourgeons de bouleau pubescent ou verruqueux** (gemmothérapie), ou à défaut des feuilles de bouleau
- **De l'hydrolat de myrrhe**

**Avant de commencer, faites la méditation préalable détaillée p. 118 à 120. Portez au moins 1 vêtement pourpre, indigo ou violet. Idéalement, réalisez ce rituel un jeudi, jour de Jupiter.**

1. Disposez quelques fleurs de pissenlit ou de reine-des-prés dans le flacon, puis faites tomber la petite citrine par-dessus. Ajoutez 10 gouttes de macérat glycériné de bourgeons de bouleau. À défaut, émiettez quelques feuilles de bouleau dans le flacon. Recouvrez les plantes avec de l'hydrolat de myrrhe et refermez le flacon.

2. Ce faisant, dites à voix haute :
*« Je te convoque, ô Jupiter, que ton abondance et ta force d'expansion harmonisent ma vie. Que tes symboles d'optimisme, de compréhension, de bonheur et d'abondance apportent les opportunités dans ma vie, ainsi que l'intégration sociale, la justice, la chance, la compréhension et la croissance. Que ta puissance soutienne et ouvre mon chakra du 3ᵉ œil. Que ce spray à la myrrhe et au bouleau me donne la possibilité de ressentir la gratitude et de trouver un équilibre dans mes finances et mes voyages. Que cette invocation prenne effet ici et maintenant pour un temps indéterminé. »*

3. Refermez le flacon, secouez bien puis pulvérisez dans des lieux précis de votre habitat, pour faire attirer l'abondance : cuisine (abondance de victuailles), salle à manger (abondance de projets et de repas conviviaux), chambre à coucher (abondance d'amour sous toutes ses formes et de rêves éclairants), sac à main et portefeuille (abondance d'argent), jardin ou balcon (abondance de récoltes). Ce faisant, répétez l'invocation ci-dessus.

4. Ensuite, terminez le rituel par cette phrase :
*« Je nous remercie : toi, ô Jupiter, pour apporter l'optimisme et l'abondance dans ma vie, tout l'Univers, pour cette expérience terrestre que je vis ici et maintenant, et moi-même, pour permettre l'influence juste et bienfaisante de Jupiter dans ma vie et pour mes corps physique, mental, émotionnel et spirituel. »*

**Si besoin, combinez ce rituel avec celui de l'Air p. 178-179.**

# Le rituel de Saturne

## Terre mêlée de hêtre pour renforcer la structure et les fondations

Convoquer Saturne permet d'équilibrer son influence dans nos vies intérieure et extérieure et de travailler sur ses qualités propres et son symbolisme.

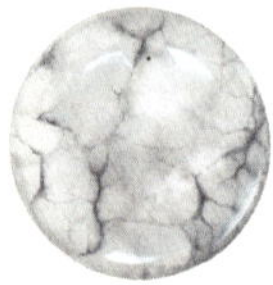

**Pour le rituel de Saturne, il vous faut :**

- **De la terre ou du terreau**
- **1 bol en grès**
- **1 howlite sphérique blanche** (non teintée)
- **Des fleurs ou des sommités fleuries de bouillon-blanc** ou des fleurs, feuilles ou racines de consoude
- **Du macérat glycériné de bourgeons de hêtre** (gemmothérapie) et/ou des feuilles ou faines de hêtre

**Avant de commencer, faites la méditation préalable détaillée p. 118 à 120. Portez au moins 1 vêtement bleu foncé, brun ou gris foncé. Idéalement, réalisez ce rituel un samedi, jour de Saturne.**

1. Mettez de la terre ou du terreau au fond du bol en grès, puis placez votre howlite au milieu. Disposez tout autour le bouillon-blanc ou la consoude, puis faites tomber une dizaine de gouttes de macérat glycériné de hêtre sur le tout (ou à défaut les feuilles ou faines de hêtre).

2. Ce faisant, dites à voix haute :
*« Je te convoque, ô Saturne, que tes capacités de structure et de restriction harmonisent ma vie. Que tes symboles de tradition, de fondations et de discipline m'aident à assumer mes responsabilités, à gérer tout ce qui doit être conventionnel et suivre les traditions. Que ta puissance soutienne et ouvre mon chakra racine. Que cette terre de structure m'aide à apprendre de mes erreurs et à fluidifier mes blocages. Qu'elle allège mes fardeaux, m'apporte le réalisme et m'aide à équilibrer autorité et ambition dans le travail. Que cette invocation prenne effet ici et maintenant pour un temps indéterminé. »*

3. Ce bol dans les mains, promenez-vous dans votre habitation en visualisant Saturne et ses anneaux et en étant attentif à votre intuition pour ressentir quel est le meilleur endroit pour votre bol. Posez-le à sa place et répétez l'incantation en l'observant attentivement, et en visualisant l'énergie de Saturne en imprégner toutes les parties.

4. Puis terminez le rituel par cette phrase :
*« Je nous remercie : toi, ô Saturne, pour apporter de façon harmonieuse la structure et la discipline dans ma vie, tout l'Univers, pour cette expérience terrestre que je vis ici et maintenant, et moi-même, pour permettre l'influence juste et bienfaisante de Saturne dans ma vie et pour mes corps physique, mental, émotionnel et spirituel. »*

**Si besoin, combinez ce rituel avec celui de la Terre p. 176-177.**

# Le rituel d'Uranus

## Fumigation humide au persil et à la bourrache pour l'originalité et l'excentricité

Convoquer Uranus permet d'équilibrer son influence dans nos vies intérieure et extérieure et de travailler sur ses qualités propres et son symbolisme.

Pour le rituel d'Uranus, il vous faut :

- **1 labradorite sphérique**
- **1 grand bol,** saladier ou plat large
- **Du persil frais**
- **Des fleurs de bourrache** ou de l'élixir floral de bourrache
- **De l'eau bouillante**

**Avant de commencer, faites la méditation préalable détaillée p. 118 à 120. Portez au moins 1 vêtement bleu clair ou turquoise.**

1. Mettez votre labradorite au fond du bol. Ajoutez du persil frais et des fleurs de bourrache. Terminez en versant de l'eau bouillante par-dessus.

2. Ce faisant, dites à voix haute :
*« Je te convoque, ô Uranus, que ton originalité et ton ingéniosité harmonisent ma vie. Que tes symboles d'excentricité, de liberté et d'innovation m'aident à gérer les bouleversements, les tensions et les changements soudains. Que ta puissance soutienne et ouvre mon chakra coronal. Que cette fumigation humide au persil et aux fleurs de bourrache m'aide à équilibrer mon excentricité et mon imprévisibilité. Qu'elle harmonise mes relations et les fasse évoluer par apport de nouveauté, d'ouverture et par progression soudaine. Que cette invocation prenne effet ici et maintenant pour un temps indéterminé. »*

3. Posez ce bol encore fumant sur une table devant vous, et portez sa vapeur avec vos mains à votre chakra coronal et votre chakra du 3e œil, puis à votre chakra de la gorge et à celui du cœur.

4. Posez-le ensuite par terre et mettez-vous au-dessus, debout, un pied de chaque côté. Visualisez votre flux sanguin traverser énergiquement tout votre système cardiovasculaire en répétant l'incantation et en visualisant Uranus.

5. Terminez le rituel par cette phrase :
*« Je nous remercie : toi, ô Uranus, pour apporter de façon harmonieuse l'originalité dans ma vie et les changements positifs dans mes relations, tout l'Univers, pour cette expérience terrestre que je vis ici et maintenant, et moi-même, pour permettre l'influence juste et bienfaisante d'Uranus dans ma vie et pour mes corps physique, mental, émotionnel et spirituel. »*

**Si besoin, combinez ce rituel avec celui de l'Air p. 178-179.**

# Le rituel de Neptune

## Bain rituel à la mélisse et à la lavande pour amplifier les capacités psychiques

Convoquer Neptune permet d'équilibrer son influence dans nos vies intérieure et extérieure et de travailler sur ses qualités propres et son symbolisme.

**Pour le rituel de Neptune, il vous faut :**

- **1 petit bol de sel de mer**
- **Des bougies violettes** (ou à défaut, blanches)
- **De l'HE de lavande officinale**
- **Du macérat glycériné de bourgeons de frêne** (gemmothérapie)
- **Des fleurs de lavande** fraîche ou sèche
- **1 améthyste** sphérique
- **1 baignoire**
- **Des feuilles de mélisse**

**Avant de commencer, faites la méditation préalable détaillée p. 118 à 120. Portez au moins 1 vêtement violet ou mauve. Mettez en fond sonore une bande-son vibrant à une fréquence de 852 hertz (chakra du 3e œil).**

1. Prenez le bol de sel de mer et ajoutez 10 gouttes d'huile essentielle de lavande, 10 gouttes de macérat glycériné (ou les feuilles de frêne) et une poignée de fleurs de lavande, puis mélangez.

2. Disposez ce sel aromatique au fond de la baignoire, recouvrez de 2-3 poignées de feuilles de mélisse et posez l'améthyste au bout de la baignoire (en dehors de l'eau), côté tête.

3. Faites couler le bain, et pendant ce temps, allumez des bougies violettes que vous disposerez tout autour de la baignoire. Ce faisant, dites à voix haute :
*« Je te convoque, ô Neptune, que ta spiritualité et ton mysticisme harmonisent ma vie. Que tes symboles d'imagination, de mystère et d'inspiration m'aident à régir ma réceptivité et mon énergie psychiques. Que ta puissance soutienne et ouvre mon chakra du 3ᵉ œil. Que ce bain m'aide à amplifier mes capacités psychiques, à recevoir des rêves prémonitoires et éclairants, et à m'en souvenir. Que cette invocation prenne effet ici et maintenant pour un temps indéterminé. »*

4. Entrez dans votre bain. Écoutez la bande-son en visualisant une connexion violette s'établir entre Neptune et votre chakra du 3ᵉ œil, et en répétant l'incantation.

5. Puis terminez le rituel par cette phrase :
*« Je nous remercie : toi, ô Neptune, pour m'aider à amplifier mes capacités extrasensorielles, tout l'Univers, pour cette expérience terrestre que je vis ici et maintenant, et moi-même, pour permettre l'influence juste et bienfaisante de Neptune dans ma vie et pour mes corps physique, mental, émotionnel et spirituel. »*

**Si besoin, combinez ce rituel avec celui de l'Eau p. 180 à 182.**

# Le rituel de Pluton

## Glaçon basilic-ortie pour la renaissance

Convoquer Pluton permet d'équilibrer son influence dans nos vies intérieure et extérieure et de travailler sur ses qualités propres et son symbolisme.

**Pour le rituel de Pluton, il vous faut :**

- **1 petit bol**
- **De l'eau**
- **Du basilic frais** et/ou de l'ortie fraîche ou sèche
- **1 petite obsidienne noire sphérique**
- **1 bac à gros glaçons**
- **1 congélateur/surgélateur**

**Avant de commencer, faites la méditation préalable détaillée p. 118 à 120. Portez au moins 1 vêtement noir.**

1. Dans un petit bol d'eau, disposez le basilic et/ou l'ortie, puis posez l'obsidienne noire par-dessus. Laissez macérer ainsi pendant 6 heures. Ensuite, versez la macération dans votre bac à glaçons, en veillant à ce qu'il y ait un peu de chaque plante dans les cavités.

2. Ce faisant, dites à voix haute :
*« Je te convoque, ô Pluton, que ton pouvoir de transformation et ta spiritualité harmonisent ma vie. Que tes symboles de subconscient, de renaissance et de réceptivité m'aident à gérer mes émotions profondes et mon envie de pouvoir et de possession. Que ta puissance soutienne et ouvre mon chakra sacré. Que ce glaçon m'aide à accepter mon évolution et ma transformation, pour renaître de mes cendres tel un phénix. Que cette invocation prenne effet ici et maintenant pour un temps indéterminé. »*

3. Mettez le bac au congélateur pendant quelques heures. Sortez ensuite le glaçon et passez-le immédiatement sur votre chakra sacré (entre le pubis et le nombril), en faisant de petits cercles, tout en répétant l'incantation. En même temps, visualisez Pluton et son influence sur vous.

4. Puis terminez le rituel en posant le glaçon sur votre chakra coronal (au sommet de la tête) et en disant cette phrase :
*« Je nous remercie : toi, ô Pluton, pour apporter de façon harmonieuse la fin et le recommencement dans ma vie, tout l'Univers, pour cette expérience terrestre que je vis ici et maintenant, et moi-même, pour permettre l'influence juste et bienfaisante de Pluton dans ma vie et pour mes corps physique, mental, émotionnel et spirituel. »*

**Si besoin, combinez ce rituel avec celui de l'Eau p. 180 à 182.**

# Les rituels en lien avec les éléments

**QUAND ET POURQUOI LES RÉALISER?**

- Pour **rééquilibrer un élément** déséquilibré dans votre thème astral, comme trop de signes d'Air (+ de 25 %) ou au contraire pas assez (- de 25 %). Par exemple, si vous avez 60 % de Feu et 0 % d'Eau, vous ferez les 2 rituels correspondants afin de modifier leurs influences vers un meilleur équilibre.

- Pour harmoniser un élément qui semble déséquilibré au niveau du caractère ou du tempérament. Par exemple : trop d'Air, avec un excédent de pensées incessantes, ou pas assez de Terre, avec un manque d'ancrage.

- Pour travailler sur votre relation avec quelqu'un par rapport à son thème astral :

    - En travaillant sur les excès. Par exemple : on fera le rituel de l'élément Feu si on a soi-même un excédent de Feu, et celui de l'Eau si l'autre personne a un excédent d'Eau. Si vous avez le même élément en excès, faites le rituel 2 fois, 1 fois pour vous, puis pour l'autre personne.

    - En travaillant sur les manques. Par exemple : on fera le rituel de l'élément Air si on a soi-même un manque d'Air, et celui du Feu si l'autre personne a un manque de Feu. Si vous manquez du même élément, faites le rituel 2 fois, 1 fois pour vous, puis pour l'autre personne.

# Le rituel du Feu

## Bâton de fumigation aux plantes solaires

**Pour le rituel du Feu, il vous faut :**

- **1 bougie rouge** (ou à défaut, blanche)
- **Des gants de jardinage**
- **Quelques branches de millepertuis** frais ou sec
- **Quelques branches d'ortie** fraîche ou sèche
- **1 ou 2 rouleaux d'écorce de cannelle**
- **De la ficelle en coton** non traité, non blanchi (fil à rôti par exemple)
- **1 pierre symbolisant l'élément Feu** (agate de feu ou opale de feu)

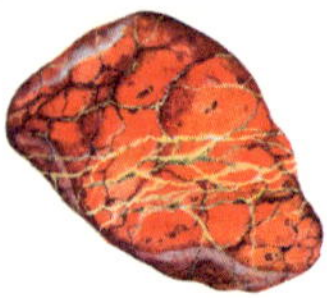

**Avant de commencer, faites la méditation préalable détaillée p. 118 à 120. Portez au moins 1 vêtement rouge vif, rouge-orange ou jaune-orange.**

**1.** Allumez la bougie en face de vous et essayez de garder au maximum sa flamme dans votre axe de vision, tout en visualisant un feu joyeux dans votre esprit.

2. Mettez vos gants, faites un bouquet avec le millepertuis et l'ortie, puis disposez la cannelle au bas du bouquet ou les rouleaux l'un au-dessus de l'autre si vous en avez 2. Faites un nœud au bas du bouquet, et remontez vers le haut en tournant le fil bien serré autour du bouquet. Arrivé en haut, procédez à l'incantation ci-dessous, en vous concentrant sur votre chakra du plexus solaire.

3. Dites à voix haute : « *J'en appelle au Feu, au Soleil et à Mars. Que votre énergie rouge vif rééquilibre la chaleur, la lumière, l'inspiration, la créativité, la passion, la confiance et l'extériorisation. Que ce feu soit le symbole de la manifestation et de la compréhension dans ma vie. Que cette invocation prenne effet ici et maintenant pour un temps indéterminé.* »

4. Ensuite, redescendez avec la ficelle de la même manière jusqu'au nœud de départ, puis faites un nœud final en y attachant la pierre et coupez la ficelle. Si votre bouquet est sec, vous pourrez l'utiliser tout de suite, sinon faites-le sécher sur une grille ou une claie dans une pièce chaude et sèche comme la cuisine.

5. Pour procéder à la mise en œuvre de la seconde partie du rituel, le bouquet doit être bien sec. Allez à l'extérieur un jour sans pluie ni vent et visualisez votre lien avec le Soleil et Mars.

6. Allumez votre bougie rouge, puis allumez l'extrémité supérieure de votre bâton de fumigation à cette flamme. Passez le bâton et sa fumée tout autour de vous-même (sans vous brûler) en répétant l'incantation ci-dessus : autour de votre tête, sous vos bras et vos pieds, devant le buste, dans le dos et le long des jambes.

7. Puis terminez le rituel par cette phrase : « *Je nous remercie : le Feu, le Soleil, Mars, tout l'Univers et moi-même pour cette harmonisation de l'élément Feu dans ma vie et mon corps.* »

# Le rituel de la Terre

## Masque forestier d'ancrage à l'argile

**Pour le rituel de la Terre, il vous faut :**

- **1 petit pot en terre cuite rempli de terre**
- **De la pâte d'argile verte** en tube ou de l'argile verte en poudre
- **De l'HE de pin sylvestre** et/ou de cèdre de l'Atlas*
- **De l'eau**
- **De la terre ou de l'humus**
- **Des compresses**
- **De petits morceaux d'écorce** (facilement trouvables en forêt)
- **1 enregistreur ou votre téléphone portable** (facultatif)

* Vérifiez les précautions d'usage avant emploi

**Avant de commencer, faites la méditation préalable détaillée p. 118 à 120. Portez au moins 1 vêtement vert, brun ou rouge foncé.**

**1.** Mettez le petit pot rempli de terre en face de vous et essayez de le garder au maximum dans votre axe de vision, tout en visualisant la terre et l'humus de la forêt dans votre esprit.

**2.** Si vous utilisez de l'argile en poudre, mélangez-en 5 cuillères à soupe avec le même volume d'eau. Si vous utilisez de la pâte d'argile toute prête, mettez-en 10 cuillères à soupe dans un pot.

**3.** Mélangez l'argile avec 1 cuillère à soupe de terre ou d'humus ainsi que 3 gouttes d'huile essentielle de pin sylvestre et/ou de cèdre de l'Atlas. Rectifiez la texture avec de l'eau ou de l'argile si besoin. Ce faisant, procédez à l'incantation ci-dessous en vous concentrant sur votre chakra racine.

**4.** Dites à voix haute : « *J'en appelle à la Terre, à Vénus et à Saturne. Que votre énergie nourricière verte et brune rééquilibre la matérialité de mon corps physique, sa solidité et sa stabilité. Que cette terre soit le symbole de l'ancrage et des fondations dans ma vie, pour me permettre d'accéder à la contemplation et à la persévérance. Que cette invocation prenne effet ici et maintenant pour un temps indéterminé.* »

**5.** Dépliez une compresse, humidifiez-la, disposez 2 petits tas d'argile puis des morceaux d'écorce dessus. Reposez une autre compresse humidifiée en bandeau sur la première. Couchez-vous dans un endroit calme (idéalement à même le sol si possible, en intérieur ou à l'extérieur) pendant une vingtaine de minutes, en posant la compresse au niveau de votre chakra racine. Si possible, mettez un fond sonore de la forêt, et répétez l'incantation. Une fois le rituel terminé, prenez le temps de reprendre contact avec la réalité.

**6.** Terminez le rituel par cette phrase : « *Je nous remercie : la Terre, Vénus, Saturne, tout l'Univers et moi-même pour cette harmonisation de l'élément Terre dans ma vie et mon corps.* »

# Le rituel de l'Air

## Diffusion respirante aux huiles essentielles oxygénantes

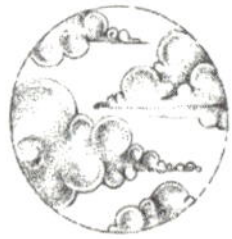

**Pour le rituel de l'Air, il vous faut :**

- **Un diffuseur-humidificateur d'HE**
- **De l'eau**
- **De l'HE de pin maritime** et/ou d'eucalyptus radié
- **1 petite pierre de l'élément Air** (célestite ou améthyste)
- **1 plume**

**Avant de commencer, faites la méditation préalable détaillée p. 118 à 120. Portez au moins 1 vêtement blanc, gris clair ou gris-bleu.**

**1.** Visualisez le vent qui balaye tout sur son passage, au propre comme au figuré. Si possible, mettez des bruits de vent en fond sonore.

**2.** Remplissez le réservoir de votre diffuseur avec de l'eau, mettez-y 5 gouttes d'huile essentielle de pin maritime et/ou 5 gouttes d'huile essentielle d'eucalyptus radié, puis posez votre pierre. Ces huiles essentielles possèdent un fort pouvoir oxygénant.

**3.** Ce faisant, procédez à l'incantation ci-dessous, en vous concentrant sur votre chakra du cœur. Dites à voix haute : « *J'en appelle à l'Air, à Mercure, à Jupiter et à Uranus. Que leur énergie blanche et légère rééquilibre ma respiration, mes pensées et mon inspiration de l'invisible me guidant dans la matérialité. Que cet air soit le symbole de l'intellectualité, de la curiosité, de l'esprit d'initiative et de la rapidité de réflexion dans ma vie, pour me permettre d'accéder à des communications intuitives et psychiques, au savoir, à l'apprentissage, à de nouveaux départs, à des changements et à des voyages sous toutes leurs formes. Que cette invocation prenne effet ici et maintenant pour un temps indéterminé.* »

**4.** Sortez de chez vous ou, si ce n'est pas possible, ouvrez les fenêtres et les portes de façon à créer un courant d'air. Allumez votre diffuseur et asseyez-vous à côté. Observez le nuage de vapeur s'en dégager en répétant l'incantation de l'élément Air.

**5.** Ensuite, dégagez cette vapeur vers les 4 directions sacrées (Est, Sud, Ouest, Nord), ou les 4 coins de la pièce si vous ne connaissez pas l'orientation.

**6.** Ce faisant, procédez à une respiration en carré en restant le plus proche possible du diffuseur : une inspiration sur 4 temps, une pause respiratoire sur 4 temps, une expiration sur 4 temps, une pause respiratoire sur 4 temps, et recommencez. Faites cela pendant 2 à 3 minutes (arrêtez avant si cela vous est pénible).

**7.** Puis terminez le rituel par cette phrase : « *Je nous remercie : l'Air, Mercure, Jupiter, Uranus, tout l'Univers et moi-même pour cette harmonisation de l'élément Air dans ma vie et mon corps.* »

# Le rituel de l'Eau

## Douche bleue, saline et iodée

**Pour le rituel de l'Eau, il vous faut :**

- **1 compresse 10 x 10 cm dépliée** (soit 40 x 40 cm)
- **1 ou 2 poignées d'algues séchées** (achetées en magasin bio)
- **1 aigue-marine ou une sodalite** (cristaux de l'élément Eau)
- **De la ficelle**
- **1 douche**
- **1 petit bol de sel de mer**
- **1 ou 2 poignées de petits coquillages**

**Avant de commencer, faites la méditation préalable détaillée p. 118 à 120. Portez au moins 1 vêtement bleu, argenté ou turquoise.**

**1.** Pendant tout le rituel, visualisez une plage et mettez en fond sonore le ressac de la mer et des cris de mouettes. Restez habillé dans un premier temps.

**2.** Prenez la compresse dépliée et mettez-y les algues et la pierre, puis rassemblez les coins afin de former un petit baluchon que vous fermerez à l'aide de la ficelle. Laissez une bonne longueur de fil avant de couper.

**3.** Dirigez-vous vers votre salle de bain, et accrochez ce baluchon à votre pommeau de douche (réglé assez haut) de façon que l'eau puisse couler dessus avant de se déverser sur vous. Ensuite, disposez le sel un peu partout dans le bac de douche, puis les petits coquillages sur le pourtour et dans les coins. Procédez à l'incantation ci-dessous en vous concentrant sur votre chakra sacré.

**4.** Dites à voix haute : *« J'en appelle à l'Eau, à la Lune, à Neptune et à Pluton. Que leur énergie bleue fluidifiante rééquilibre mes émotions et mes sentiments. Que cette eau soit le symbole de l'achèvement, de l'accomplissement et de la guérison dans ma vie, pour me permettre d'accéder à l'intuition, la juste sensibilité et les perceptions. Que cette invocation prenne effet ici et maintenant pour un temps indéterminé. »*

**5.** Pour vous faciliter la réalisation de la suite du rituel, vous pouvez copier ce texte à lire à voix haute et l'accrocher à l'extérieur de la douche, de façon à pouvoir le lire à travers la vitre transparente sans mouiller le papier.

**6.** Entrez dans votre douche, allumez l'eau et laissez-vous imprégner des senteurs et des vibrations marines. Portez cette eau iodée au visage (yeux, bouche, oreilles, nez) pour purifier tous vos sens, en répétant l'incantation de l'élément Eau.

**7.** Puis terminez le rituel par cette phrase : *« Je nous remercie : l'Eau, la Lune, Neptune, Pluton, tout l'Univers et moi-même pour cette harmonisation de l'élément Eau dans ma vie et mon corps. »*

Séchez-vous avec une serviette, bleue si possible.

# Conclusion

Vous avez désormais expérimenté l'utilisation concrète de l'astrologie dans votre vie. Ces rituels peuvent être réalisés régulièrement, à chaque fois que vous en ressentirez le besoin. Notez dans un carnet quand vous avez réalisé un rituel, les bienfaits qui en ont découlé et ses conséquences dans votre vie. Combien de temps ces bienfaits ont-ils duré ? Ont-ils été remarqués par vos proches ? N'hésitez pas à leur conseiller de mettre en pratique ces rituels eux aussi.

Maintenant que vous avez compris les correspondances, sentez-vous libre d'adapter les rituels en ajoutant ou en modifiant des ingrédients. Vous pouvez même en créer de nouveaux !

Gardez toujours à l'esprit que notre vie sur Terre n'est pas isolée de tout. Nous faisons partie du cosmos : tout ce qui nous entoure, de près comme de loin, influence notre corps, nos émotions, nos pensées, nos traits de caractère et nos états d'âme...

Pour terminer, n'oubliez pas de vous amuser en réalisant ces rituels ! La joie, l'émerveillement et la gratitude n'en rendront les résultats que meilleurs...

# Annexes

## Complétez les signes et les maisons :

☉ **Soleil en** ...................... (signe) **et maison** ...................... (chiffre)

☾ **Lune en** ...................... (signe) **et maison** ...................... (chiffre)

☿ **Mercure en** .................. (signe) **et maison** .................. (chiffre)

♀ **Vénus en** .................... (signe) **et maison** .................... (chiffre)

♂ **Mars en** .................... (signe) **et maison** .................... (chiffre)

♃ **Jupiter en** .................. (signe) **et maison** .................. (chiffre)

♄ **Saturne en** .................. (signe) **et maison** .................. (chiffre)

♅ **Uranus en** ................. (signe) **et maison** ................. (chiffre)

♆ **Neptune en** ................. (signe) **et maison** ................. (chiffre)

♇ **Pluton en** .................. (signe) **et maison** .................. (chiffre)

**Ascendant :** ...................................... (signe)

**Descendant :** ...................................... (signe)

## Comptez les occurrences pour lister les répartitions :

SIGNES :

♈ **Bélier (Feu) :** ... / 12 soit ... %

♉ **Taureau (Terre) :** ... / 12 soit ... %

♊ **Gémeaux (Air) :** ... / 12 soit ... %

♋ **Cancer (Eau) :** ... / 12 soit ... %

♌ **Lion (Feu) :** ... / 12 soit ... %

♍ **Vierge (Terre) :** ... / 12 soit ... %

♎ **Balance (Air) :** ... / 12 soit ... %

♏ **Scorpion (Eau) :** ... / 12 soit ... %

♐ **Sagittaire (Feu) :** ... / 12 soit ... %

♑ **Capricorne (Terre) :** ... / 12 soit ... %

♒ **Verseau (Air) :** ... / 12 soit ... %

♓ **Poissons (Eau) :** ... / 12 soit ... %

Calculez le pourcentage pour chaque signe :
(100 x [nombre d'occurrences du signe en question]) / 12

**Liste des 3 signes majoritaires :**

................

................

................

## MAISONS :

**Maison 1 :** ... / 10 soit ... %

**Maison 2 :** ... / 10 soit ... %

**Maison 3 :** ... / 10 soit ... %

**Maison 4 :** ... / 10 soit ... %

**Maison 5 :** ... / 10 soit ... %

**Maison 6 :** ... / 10 soit ... %

**Maison 7 :** ... / 10 soit ... %

**Maison 8 :** ... / 10 soit ... %

**Maison 9 :** ... / 10 soit ... %

**Maison 10 :** ... / 10 soit ... %

**Maison 11 :** ... / 10 soit ... %

**Maison 12 :** ... / 10 soit ... %

Calculez le pourcentage pour chaque maison :
(100 x [nombre d'occurrences de la maison en question]) / 10

**Liste des 3 maisons majoritaires :**

................

................

................

**ÉLÉMENTS :**

Dans la partie signes, prenez les pourcentages pour chaque élément et additionnez-les :

**Feu :** ... (Bélier) + ... (Lion) + ... (Sagittaire) = ... %

**Terre :** ... (Taureau) + ... (Vierge) + ... (Capricorne) = ... %

**Air :** ... (Gémeaux) + ... (Balance) + ... (Verseau) = ... %

**Eau :** ... (Cancer) + ... (Scorpion) + ... (Poissons) = ... %

Si vous avez un diagramme des éléments issu de votre thème astral complet, utilisez-le pour la mise en œuvre des rituels dédiés aux éléments (voir p. 172 à 182).
Un thème astral aux éléments équilibrés contient 25 % de chaque élément.

**AVERTISSEMENT**

L'auteur et l'éditeur déclinent toute responsabilité en cas de mésusage et d'utilisation de produits cités dans ce livre n'ayant pas été validés par un médecin.

## *Crédits iconographiques*

Toutes les images proviennent de © Shutterstock


**Direction de la publication :** Isabelle Jeuge-Maynart et Ghislaine Stora

**Direction éditoriale :** Émilie Franc et Julie Martin

**Édition :** Agathe Bourachot

**Direction artistique :** Géraldine Lamy

**Couverture :** Claire Simonet

**Mise en page :** Lucile Jouret

**Fabrication :** Donia Faiz





ISBN : 978-2-38-375104-5

Imprimé en Roumanie
par Rotolito Romania S.A.
Dépôt légal : mars 2024
335474/01 – 11054426 – décembre 2024